포퓰리즘이란
무엇인가

포퓰리즘이란 무엇인가

민주주의의 적인가, 개혁의 희망인가

미즈시마 지로 지음

이종국 옮김

연암서가

지은이 미즈시마 지로水島治郎

일본 도쿄대학 교양학부를 졸업하고, 도쿄대학 대학원 법학정치학연구과에서 석사, 법학박사(비교정치 전공) 학위를 받았다. 일본 코난대학 법학부에서 조교수, 지바대학 법경학부 조교수를 거쳐, 현재 지바대학 법정경학부 교수로 있다. 전공은 네덜란드 정치사, 유럽 정치사, 비교정치. 주요 저서로는『전후 네덜란드 정치구조: 네오코포라티즘과 소득 대책』,『반전하는 복지국가: 네덜란드 모델의 빛과 그림자』,『보수의 비교정치학: 유럽 · 일본의 보수정당과 포퓰리즘』등이 있다.

옮긴이 이종국李鍾國

동국대학교 정치외교학과를 졸업하고, 일본 도쿄대학 대학원 법학정치학연구과에서 석사, 법학박사(국제정치 전공) 학위를 받았다. 호세이대학 법학부에서 '동아시아 국제정치'를 가르치고, 게이오대학 방문학자를 거쳐, 한국국제정치학회 부회장, 동국대학교 정치외교학과 겸임교수, 도쿄대학 사회과학연구소에서 객원연구원을 역임하였으며, 현재 동북아역사재단 연구위원으로 있다. 주요 저서(공저)로는『21세기 일본의 국가전략』,『北朝鮮と人間の安全保障』,『지방자치체 외교』등이 있고, 역서로는『모스크바와 김일성』,『북한 · 중국관계 60년』,『분단종식의 통일외교』,『역사가가 보는 현대 세계』,『20세기의 전쟁과 평화』등이 있다.

포퓰리즘이란 무엇인가

2019년 10월 10일 초판 1쇄 인쇄
2019년 10월 15일 초판 1쇄 발행

지은이 | 미즈시마 지로
옮긴이 | 이종국
펴낸이 | 권오상
펴낸곳 | 연암서가

등록 | 2007년 10월 8일(제396-2007-00107호)
주소 | 경기도 고양시 일산서구 호수로 896, 402-1101
전화 | 031-907-3010
팩스 | 031-912-3012
이메일 | yeonamseoga@naver.com
ISBN 979-11-6087-051-0 03300

값 16,000원

이 책이 처음으로 일본어로 출판된 것은 2016년 말이다. 2016년은 영국의 국민투표에서 EU 탈퇴파가 승리하고, 도널드 트럼프의 미국 대통령 당선 등 세계를 흔드는 변화가 일어났다. 그리고 포퓰리즘이라는 말이 단번에 세계 무대에 등장했다. 전 세계에서 전기가 되는 해였다. 그 때문에 포퓰리즘의 개념, 역사, 현재를 집약하여 다룬 이 책은 예상외로 일본에서 많은 관심을 보여 주어 2019년 현재 10쇄 5만 5,000부가 발간되었다. 외국 정치를 다룬 책으로 이례적으로 많이 읽히고 있다. 그런 가운데 이 책이 이종국 교수님에 의해 한국어로 번역되어, 한국 독자들에게 소개되는 것을 매우 기쁘게 생각한다.

이 책의 출판 후에도 포퓰리즘은 계속 확산되고 있다. 2017년 프랑스에서 국민전선의 마린 르펜이 대통령 선거에서 결선투표에 진출하여 30%를 넘는 득표율을 얻었다. 네덜란드의 총선거에서 포퓰리즘 정당인 자유당이 제2당이 되었다. 독일에서는 우익 포퓰리즘 정당인 '독일을 위한 선택지'가 제3당이 되고, 처음으로 연방의회에 진출하였다. 그리고 2018년 이탈리아에서는 '반긴축·반난민'을 내걸고 EU에 비판적인 포퓰리즘 정권이 탄생하였다. 이들 정당과 정치가는 반기성정당, 반이민, 반글로벌화, 반무역비판 등 급진적인 주장을 하고 있으며, 기존의 리버럴 민주주의와 자유무역체제에 중대한 도전을 하고 있다.

그럼에도 불구하고 이들 움직임을 단지 우경화, 배외주의의 격화라고만 이해할 수 없다. 사실은 이들 우파 포퓰리즘의 약진과 병행하여, 좌파 급진세력의 지지도 확대되고 있기 때문이다. 프랑스 대통령 선거에서 극좌파 '굴복하지 않는 프랑스(LFI)'의 장 뤽 멜랑숑이 지지를 얻었다. 스페인이나 그리스에서는 좌파 포퓰리스트 정당이 유력 정당을 능가하여 지지를 얻고 있다. 또한 미국을 보면 트럼프가 2016년 대통령 선거 공화당 예비선거에서 선풍을 일으키고 있을 때, 민주당의 예비선거에서는 좌파 버니 샌더스가 당 주류파를 강하게 비판하고 풀뿌리의 지지를 받아 힐러리 클린턴을 수세로 몰아갔다. 이들 급진좌파는 기존의 온건좌파와는 선을 그었다. 그리고 그들은 기성정당이나 기득권을 비판하면서 동시에 과감하게 재분배정책을 호소하고 가끔 EU나 자유무역체제에 대해 회의적인 입장을 보이고 있다.

여기서 확실한 것은 현재 각국에서 진행되고 있는 현상은 좌우를 불문하고 포퓰리스트적인 반기득권 혹은 반엘리트의 급진적인 주장이 지지를 얻고 있다는 것이다. 다른 한편 기성보수나 기성좌파와 같은 기존의 유력 정당이 전례 없이 약체화되고 있다.

당초 포퓰리즘은 일과성의 현상이라고 보는 견해도 있었다. 즉 카리스마적인 포퓰리스트 지도자에 의한 기성정치 비판이 무당파층을 일시적으로 끌어들여, '태풍의 눈'이 되어 기성정당을 위협한다. 당분간 포퓰리스트 지도자에 대한 기대는 시들기도 하고, 나중에 대를 이어 2대째 지도자에게는 초대 때와 같은 호소력이 없어지기도 한다. 그리고 차차 기성정당이 회복함으로써, 포퓰리즘의 열기가 식기도 할 것이라 말하기도 한다. 그러나 현재 각국의 포퓰리즘 정당의 모든 지도자들은 바뀌었다. 또한 그것에 의해 지지는 줄어들기도 하지만 확대되고 있다. 프랑스의 국민전선(현재 국민연합), 독일의 '독일을 위한 선택지', 이탈리아의 5성 운동, 오스트리아의 자유당 등은 모두 창설자가 당을 떠나고 지금 지도층은 2대째, 3대째에 해당한다. 그러나 이들 정당은 창설자의 카리스마적인 지도력이 없더라도 반이민이나 반기성정당, 반기득권과 같은 주장을 목청껏 높여 전개하면서 지지를 얻고 있다. 지금은 국가에 따라서는 정권창출에 성공하고 있다. 포퓰리즘 정당은 이미 각국의 정치사회에 '뿌리를 내리고 있다'고 말할 수 있다.

그러면 이와 같은 서양 선진국의 포퓰리즘의 전개는 한국과 일본의 정치에서 어떠한 의미를 가질 것인가?

한국과 일본은 최근까지 외국 이주민의 수가 많다고 말할 수는 없다. 그러므로 유럽과 같은 이민 배척을 주장하는 우파 포퓰리즘이 지지를 얻을 가능성은 그렇게 높지 않다. 그러나 저출산·고령화가 진행되고 노동력 부족이 심각한 가운데, 한국과 일본은 최근 외국인 노동자의 유입을 적극적으로 추진하고 있다. 이러한 '사람의 글로벌화'의 진전이 다양한 마찰이나 배외주의의 확대, 우파 포퓰리즘의 지지확대를 초래할 가능성은 있다.

또한 한국과 일본의 어느 쪽도 기성정당의 약체화가 진행되고 있다. 농민층이나 중소기업층 등 예전에 보수정당의 두터운 기반이었던 사회층은 약체화하고, 도시지역에서 생활하고 있는 무당파의 신중간층이 정치를 좌우하게 되었다. SNS(사회관계망서비스) 등을 이용하여 자신이 정보를 모으고, 자율적으로 정치적 판단을 하는 무당파층은 기득권을 옹호하는 기성정당의 방식에 차가운 시선을 보내고 있다. 21세기 IT 우위의 시대에, 기성 엘리트들은 예전에 당연한 것처럼 몸에 걸치고 있을 '권위'를 잃어버린 것 같다.

나아가 한국과 일본 양국에서는 글로벌화 아래서 격차의 확대, 비정규직 고용의 증가를 시작으로 사회적 분열이 진행되고 있다. 수도에서는 초부유층이 하늘을 찌르는 듯한 호화스러운 집합주택에서 생활하는 한편, 생활을 유지하기 위해 빠듯한 급료로 살아가야 하는 사람들도 늘어나고 있다. 남부 유럽을 중심으로 지지를 모으고, 재분배의 강화를 주장하는 좌파 포퓰리즘은 격차 확대가 진행되는 한국과 일본에서도 가까운 장래에 호소력을 가질지 모른다.

어쨌든 포퓰리즘 시대의 민주주의는 20세기의 정당·단체를 기본으로 한 안정적인 정치와는 달리 큰 변화를 추구하고 있다.

이 책의 한국어 번역 출판을 제안하고, 스스로 번역 작업을 진행해 주신 이종국 교수님은 1990년대 도쿄대학 대학원에서 함께 공부하고 그리고 학위를 취득한 영예를 가진 동문이다. 말하자면 '한솥밥을 먹은' 학형이다. 이 교수님은 '냉전과 긴장완화'라는 국제정치와 외교사를 전공하였고, 나는 네덜란드 정치사를 전공하였다. 서로 정치학을 동문수학하면서 이러저런 논의를 하기도 하였다. 그리고 대학원 시절 연구실에서 동유럽 혁명이나 소련의 붕괴, 옛 유고슬라비아의 내전과 같은 민족분쟁의 발발, 글로벌화의 진전과 같은 커다란 정치적·경제적인 변동을 접하면서, 새로운 시대를 어떻게 이해할 것인가를 계속 모색하였다. 나중에 생각해 보면 포퓰리즘이라는 현상은 그 20세기 말이후 계속되어 온 정치변동의 하나의 귀결이었다고도 말할 수있을 것이다. 그러한 의미에서 이 교수님과 나의 대화는 대학원이래 20년을 지난 지금도 바다를 건너 국경을 넘어 계속되고 있다. 이 교수님께 진심으로 감사드린다.

이번 번역 출판이 한국과 일본의 학술교류의 기초가 되고, 양국민의 상호이해와 우호에 공헌할 것을 간절히 바란다. 또한 2018년에 이 책의 중국어판이 간행되었다. 이와 같이 다국간의 문화교류가 활발하게 전개되면서, 서로의 이해가 진행되고 동아시아의 평화와 번영으로 가득 찬 공간이 가능하다면, 더 이상의 기쁨은 없을 것이다.

2019년 6월
미즈시마 지로

역자 서문

이 책을 번역하게 된 동기는 다음과 같다. 먼저 지난해 1년간 도쿄대에서 연구하면서, 세계적으로 진행되고 있는 포퓰리즘의 현상들을 목격하였다. 세계 각국은 물론 일본의 학계와 언론도 유럽의 우파 포퓰리즘의 전개와 영국의 EU 탈퇴 문제에 많은 관심을 기울이고 있었다. 이러한 현상을 지켜보면서 내 나름대로 포퓰리즘을 정리하고 싶은 생각이 들었다.

때마침 대학원 시절부터 친하게 지내 온 미즈시마 교수가 포퓰리즘에 관한 단행본을 출판하여 연일 일본의 학계와 언론·출판계에서 좋은 평가를 얻고 있었다. 『포퓰리즘이란 무엇인가』라는 책을 접하고, 바로 읽었다. 이 책은 글로벌 차원에서 전개되고 있는 포퓰리즘의 현상을 지역별로 잘 정리하고 있음을 확인하였다. 동시에 유럽과 미국, 중남미에서 전개되고 있는 포퓰리즘의 현상을 비교정치학적인 접근법과 균형 잡힌 시각으로 잘 설명하고 있었기 때문에 바로 독자들에게 소개하고 싶은 생각이 들었다.

미즈시마 교수는 유럽의 소국 네덜란드 전문가로 대학원 시절부터 비교정치적인 연구 분야에서 탁월한 연구 업적과 연구를 계속하고 있기 때문에 그의 설명에 많은 공부가 되었다. 특히 그의 포퓰리즘에 관한 개념 정리, 그리고 각 개념들이 각 지역에서 포퓰리즘 현상을 어떻게 설명하고 있는가에 관심을 기울이면서 이해를 넓혀 갔다. 그리고 그가 설명하고 있는 미국, 중남미, 유럽에 관한 설명은 아주 균형 잡혀 있었고 변화하는 세계의 정치현상을 이해하는 데 많은 도움이 되었다.

포퓰리즘은 냉전 종식 이후 자유주의 정치체제가 글로벌화 현상과 함께 등장했다. 일반적으로 글로벌화의 영향으로 세계는 보다 행복하고 자유로운 세계가 될 것으로 예상됐으나, 일본에서는 자민당 정치가 중심이 된 '55년 체제'가 붕괴되고 새로운 55년 체제 이후의 정치가 전개되면서 이념적인 대립이 완화되고 정치와 사람들의 생활에 관한 내용들이 부각되기 시작하였다.

그동안 포퓰리즘은 보통 민주주의 체제에서 나타나는 여러 현상 중의 하나로 이해되면서 연구자들에 따라 조금씩 다르게 설명되었다. 그리고 민주주의의 기초 위에서 현상, 이념, 논리의 하나로 이해되는 포퓰리즘은 학술적으로 이해하기 어려운 것이었다. 그러나 냉전 종식 이후 자유주의 체제가 글로벌화하면서 여러 가지 현상들이 나타나기 시작하였다.

최근 유럽에서 극우정당들이 약진하는 가운데 앞으로 EU의

통합과 확대에 어떠한 영향을 미칠 것인가? 이러한 의문은 유럽연합 의회선거를 통해 서서히 그 윤곽이 드러나고 있다. 얼마 전 2019년 유럽연합 의회선거가 실시되었다. 이탈리아 극우동맹 마테오 살비니는 이번 선거에서 제1당이 되자 "새 유럽이 탄생하였다"고 감격하였다. 이번 선거는 좌우의 중도세력이 지지를 잃고, 극우정당과 녹색당이 약진하는 결과를 가져왔다. 즉 유럽의 주류 정당들은 최악의 결과를 맞이하였다. 또한 그동안 유럽의 통합의 역사를 주도한 중도파 정당들이 패배하면서, 앞으로 유럽의 질서는 새로운 다양한 정당들의 반EU 성향이 지지를 받으면서 EU는 '분열'로 향하는 상황에 직면할 것이다.

먼저, 전후 유럽질서가 붕괴하기 시작하였다. 그동안 유럽의 정치는 중도의 좌파와 우파에 의해서 운영되었다. 물론 각 국가별로 사정은 조금씩 다르지만, 대체로 중도좌파와 우파가 의회의 과반수를 차지하는 세력으로 존재하면서 그들에 의하여 정치가 지배되었다. 그러나 2014년 선거부터 보수계 유럽 국민당 그룹들의 득표율이 떨어지기 시작하면서, 이번 2019년 선거에서 극우정당과 녹색당이 약진하여 과거 40년 동안 유지해 온 주류 정당은 과반수 획득에 실패하였다. 이번 선거로 당장 유럽연합 의회는 집행위원회가 제안한 법안을 거부하거나 수정도 할 수 있게 되었다. 이러한 상황에서 유럽연합 의회에서 포퓰리스트 정당들의 역할은 점점 강해질 것이다. 그동안 유럽연합 위원장 장 클로드 융커에 의해 진행된 '유럽의 새로운 시작'이라는 정책은 유럽인들에게 신뢰를 받지 못하여 그의 의욕은 큰 타격을 입게 되었다.

그리고, 포퓰리즘 정당이 약진하였다. 유럽 각국의 포퓰리즘 정당은 지금도 반EU를 호소하면서 유럽연합 의회선거를 활용하고, 운동을 활발하게 전개하고 있다. 2014년 선거에서 프랑스나 영국, 덴마크 등에서 포퓰리즘 정당은 제1당으로 빠르게 성장하면서 존재감을 보여 주었다. 2019년 선거에서 영국, 프랑스, 이탈리아에서 반EU를 주장하는 극우정당이 1위를 차지하였다. 그리고 독일에서는 집권당인 중도우파가 승리하였지만, 극우정당이 약진하였다. 그동안 유럽연합 의회에서 EPP(유럽국민당 그룹, 221석에서 180석으로 감소)와 S&D(유럽사회당 그룹, 191석에서 146석으로 감소)는 연립을 통해 유럽 정치를 지배하였다. 그러나 이번 선거에서 과반수 획득에 실패하였다. 그리고 반EU를 주장하는 3개의 정당 ECR(유럽보수·개혁그룹, 59석), ENF(극우 유럽민족자유, 58석), EFDD(자유와 직접민주주의, 54석)은 총 171석을 얻어 기존의 2위 정당인 유럽사회당을 앞질렀다.

마지막으로, 극우정당은 이민 비판을 선거의 쟁점으로 삼았다. 이번 EU 선거에서도 여전히 반이민정책은 선거의 쟁점이었으며, 극우정당의 약진으로 EU 통합이 어려워질 수 있다. 그리고 포퓰리스트 정당들의 입김이 거세져 그들의 정책이 강하게 주장될 수도 있고, 그들은 EU 자체를 비판하고 동시에 유럽 전체를 대상으로 하는 정책에 반대할 것이다.

이번 2019년 유럽연합 의회선거에서 각국의 포퓰리즘 계열 정당은 유럽 차원에서 영향력을 확보하였고, EU 의회 내에서 중도 정당의 과반수를 붕괴시킴으로써 자신들의 목표를 실현해 나갔다. 특히 이번 선거에서 영국의 브렉시트당 나이절 패라지는 득표율 1위를 차지하였고, 우파성향의 자민당은 2위, 노동당은 3위에 머물렀다. 집권당인 보수당은 5위를 하였다. 영국의 노동당과 보수당의 결과는 현재 유럽의 중도파 정당의 붕괴를 상징하는 것과 비슷한 결과를 가져왔다. 그리고 프랑스에서는 국민전선의 마린 르펜이 에마뉘엘 마크롱 대통령의 중도우파 정당을 이겼다. 이처럼 유럽연합 의회선거에서 극우 포퓰리스트 정당들의 승리는 지금까지 노력해 온 유럽통합의 논리에 강하게 문제를 제기하고 있음을 알 수 있다. 앞으로 그들은 EU 전문 관료들에 의해 진행되는 유럽위원회의 활동에 강하게 비판할 것이다.

포퓰리즘은 최근 세계 각지에서 불평등과 격차, 난민 문제를 둘러싸고 다양하고 복잡하게 전개되고 있다. 이 책은 이러한 복잡한 현상을 민주주의에 입각하여 포퓰리즘 현상을 이해하는 데 중요한 길잡이가 될 것이다. 특히 현대 세계에서 진행되는 여러 포퓰리즘 현상을 이론적으로 이해하면서 '민주주의 이후'의 민주주의를 이해하는 데 기여할 것이다.

이 책은 현대를 살아가는 우리에게 다음과 같은 시사점을 제시할 것이다.

첫째, 현재 진행되고 있는 포퓰리즘 현상을 잘 이해하는 데 도움을 줄 것이다.

냉전 종식 후 자유주의 시장경제는 여러 가지 한계에 이르고, 노동자는 위기에 직면하게 되었다. 그들은 영국과 미국에서 표현되는 것처럼 '내버려진', '잊혀버린' 사람들이었다. 포퓰리즘 정당의 약진에는 그들의 지지가 결정적이었다.

1990년대 이후 전후 정치질서를 이끈 보수와 혁신 양대 정당들이 약화되면서 정당 간의 거리가 좁혀지기 시작하였다. 이러한 상황 아래서 기성정당들의 정체성이 약화되었다. 그리고 유럽에서는 기성정당에 대한 동질화를 배경으로 포퓰리즘 정당이 성장하기 시작하였다. 이 책에서 설명하고 있는 포퓰리즘과 민주주의의 다양한 사례 검토는 포퓰리즘을 이해하는 데 도움을 주고 있다. 그리고 기성정당들의 포퓰리즘에 대한 대응전략은 기성세력과 적대적인 관계와 친화적인 면을 가지고 있음을 보여 주고 있다. 아직 포퓰리즘 정당에 대응하는 만능의 처방전은 없지만, 민주주의 자체에 대한 신뢰를 확립하는 것이 중요하다.

둘째로, 민주주의와 포퓰리즘을 이해하는 길잡이가 될 것이다.

20세기는 조직의 시대였다. 21세기에 접어들어 기존의 조직은 두드러지게 약화되기 시작하였다. 기존의 조직은 가입률이 감소하고 활동도 정체되기 시작하였다. 사람들의 생활 형태도 변화하고 산업구조의 고도화로 노동자들의 의식은 다양화하였다. 이러한 상황 속에서 기존의 사회집단은 약화되기 시작하였다. 그리고 무당파층이 증가하였다. 포퓰리즘은 직접민주주의를 주장하였다. 그들은 일반 시민들의 불만을 직접민주주의를 통하여 해결할 수 있다고 생각하면서 자신들의 정당을 지지해 줄 것을 호소하였다. 이러한 민주적 경향은 새로운 포퓰리즘 정당에 의해 강하게 주장되었다. 이렇게 보면 포퓰리즘 정당의 등장은 민주주의에 '위협'으로 작용할 수 있다. 그러나 기성정당들은 포퓰리즘 정당들의 문제 제기에 위기감을 느끼면서 개혁정치를 실현할 수 있는 좋은 '기회'가 되기도 하였다. 민주주의와 포퓰리즘 사이의 관계는 민주주의의 틀 속에서 개혁과 배제 사이에서 긴장감을 유지하면서 정치 공간을 활성화시키고 기성정당을 개혁시킬 수 있는 것이다.

마지막으로 포퓰리즘은 글로벌화하고 있음을 보여 줄 것이다. 이번 유럽연합 의회선거에서 보듯이 포퓰리즘 정당은 유럽에서 계속 약진하고 있다. 21세기 접어들어 유럽뿐만 아니라 미국, 중남미, 일부 아시아 지역에서도 포퓰리즘 현상은 계속되고 있다. 미국의 트럼프 대통령의 승리, 그리고 유럽에서 특히 영국의 '내버려진' 사람들의 EU 탈퇴지지, 일본의 하시모토 도루의 '일본유신의 모임'의 약진 등은 현대 포퓰리즘 정당과 정치가들의 활약을 보여 준 것들이다. 이러한 현상은 지배문화에 대항하는 모습을 보여 주는 것이었다. 비록 유럽과 중남미의 포퓰리즘 사이에 많은 차이가 존재하지만, 각국의 포퓰리즘 정당들은 기존의 체제로부터 소외된 사람들의 불만을 이해하고 그들을 구출해내려고 노력하였다. 이처럼 글로벌화하고 있는 포퓰리즘은 민주주의와 친화성을 가지고 지속적으로 존재하면서, 현대 정치에 긍정적인 역할을 하여야 한다. 그 결과 포퓰리즘 정당은 민주주의의 신뢰성 회복에 공헌할 것이다.

도쿄에서 귀국하여 연암서가로부터 『보수주의란 무엇인가』(우노 시게키, 연암서가, 2018)와 같이 읽을 수 있는 책을 부탁받고, 바로 『포퓰리즘이란 무엇인가』라는 좋은 책이 있다고 소개하였다. 그리고 이 책에 대해 설명하고 번역을 시작하였다. 최근 어려운 경제 사정에도 불구하고 출판을 맡아 주신 권오상 사장님께 감사드린다.

최근 점점 유럽을 비롯하여 세계 각국에서 포퓰리즘 현상이 재현되는 상황 속에서 이 책이 좋은 안내자가 되어, 세계 정치사회의 변화를 이해하는 데 조금이나마 기여하기를 기대한다.

2019년 8월 10일
이종국

"포퓰리즘은 민주주의의 뒷모습을 그림자처럼 따라오고 있다."
-마거릿 캐노번

최근 선진 각국에서 포퓰리즘이라 불리는 정당이나 정치운동이 활발하다. 그리고 현대 일본에서도 '대중영합주의'나 '인기몰이 정치'라는 포퓰리즘이 자주 언급되고 있다. 특히 민주주의의 선진 지역 유럽에서 포퓰리즘 정당의 발전은 현저하다.

지금 지방의회를 포함하면 독일, 오스트리아, 스위스, 이탈리아, 네덜란드, 벨기에, 덴마크, 노르웨이, 스웨덴 등 각국에서 포퓰리즘 정당은 다수의 의석을 획득하여 화제를 불러일으키고 있으며, 이민·난민정책을 시작으로 각국의 정치에 큰 영향을 미치고 있다.

2014년 5월 유럽연합 의회선거에서 유럽 각 지역의 포퓰리즘 정당이 약진하고, 그 존재감을 유럽 차원에서 보여 주었다. 특히 영국에서는 영국독립당, 프랑스 국민전선과 같은 포퓰리즘 정당이 반EU를 내걸고, 두 국가에서 유럽의회 제1당으로 약진하였다.

이들 포퓰리즘 정당은 기성정당을 비판하면서, 외국인이나 이민의 존재를 문제시하는 배외주의적 주장을 하면서, EU에 대하여 정면으로 비판하고 있다. 그리고 그들은 매스컴을 활용하여 사람들에게 직접 호소하는 정치 스타일로 기성정당과 확실히 다른 존재감을 보이고 있다. 그 결과 정당정치에 만족하지 않는 무당파층의 지지를 받는 데 성공하였다.

그리고 2016년 6월 EU 탈퇴를 묻는 영국의 국민투표에서 탈퇴 찬성파가 과반수를 차지하면서, 유럽은 물론 전 세계에 큰 충격을 주었다. 몇 년 전부터 EU로부터 '독립'을 주장한 포퓰리즘 정당 영국독립당의 주장은 국민투표라는 극적인 형태로 이루어졌다. 확실히 보수당의 반란 의원들도 탈퇴 찬성 캠페인에 참가하였다. 그러므로 투표 결과는 영국독립당만의 업적이라 할 수 없다. 그러나 영국독립당은 EU 탈퇴를 호소하며 주장을 확산하여 기성정당을 위협하였다. 이렇게 보면 결국 영국독립당이 존재하지 않았으면, 국민투표 실시 결정부터 탈퇴 찬성파의 승리까지의 과정은 없지 않았을까?

데이비드 캐머런 영국 총리는 투표결과 탈퇴 찬성파의 승리가 확실해지자, 바로 사의를 표명하였다. 그리고 후임자로 같은 보수당의 테리사 메이(Theresa May)가 취임하였다. EU 탈퇴라는 험난한 항해로 나가고 있는 영국과 전 세계는 EU의 향방을 숨죽이고 지켜보고 있다.

이러한 포퓰리즘 현상의 확산은 유럽에 국한되지 않는다. 일본에서 하시모토 도루(橋本徹)가 이끄는 '일본유신의 모임(日本維新の会)'이 2012년 총선거에서 자민·민주 양당을 강하게 비판하여 약진하였다. 그리고 2015년 '오사카도(大阪都)' 구상의 찬반을 묻는 주민투표에서 패하고 하시모토는 정계은퇴를 하였으나, 지금도 오사카 사람들을 중심으로 '유신'의 존재감은 크다. 또한 미국에서는 공직 경험이 없는 도널드 트럼프가 공화당의 대통령 후보로 이름을 알리고, 기성정치를 정면에서 비판하면서 등장하였다. 동시에, 그는 멕시코 이민이나 이슬람을 적대시하는 방법으로 눈 깜짝할 사이에 지지를 확대하고, 2016년 대통령 선거의 공화당 후보로 지명되었다. 그리고 11월 본 선거에서 사람들의 예상을 뒤엎고, 힐러리 클린턴을 꺾고 대통령에 당선되어 세계에 큰 충격을 주었다.

21세기 세계는 마치 '포퓰리즘의 시대'를 맞이한 것 같다. 이 책의 목적은 현대 세계에서 현저한 정치현상인 포퓰리즘을 정면으로 다루고 해명을 시도하는 것이다.

우리들은 세계 각지에서 포퓰리즘의 약진을 어떻게 보면 좋을까? 특히 민주주의가 뿌리 내리고 있는 유럽과 그리고 일본이 개국 이래 모델로 한 유럽의 선진 각국에서 포퓰리즘 정당이 맹위를 떨치고 있다. 그러면 EU 탈퇴를 시작으로 국가의 기본 방향을 계속 좌우하고 있는 것을 어떻게 생각하면 좋은가? 이러한 문제의식에 따라 이 책에서는 포퓰리즘을 이론적으로 평가한 후 유럽과 중남미를 주로 무대로 한다. 그리고 일본이나 미국에 대해서도 언급하면서, 포퓰리즘의 성립 배경, 각국에서 전개, 특징, 정치적인 영향을 분석한다. 그리고 포퓰리즘이 가지고 있는 다면성, 그 공과를 확실히 하면서, 현대 민주주의의 '장래'로서의 포퓰리즘의 모습을 명확히 할 것이다.

특히 이 책을 통하여 제기하고 싶은 것은, 포퓰리즘이란 민주주의에 내재하고 있는 모순을 단적으로 보여 주고 있는 것이 아닌가 하는 점이다. 왜냐하면 이 책에서 제시한 것처럼, 현대 민주주의를 지탱하는 '리버럴'한 가치, '민주주의'의 원리를 파고 들수록, 그것은 결과적으로 포퓰리즘을 정당화하기 때문이다.

현대의 민주주의는 스스로가 만든 막다른 골목에서 헤매고 있지 않은가?

포퓰리즘 연구에서 새로운 경지를 개척한 정치학자 마거릿 캐노번에 따르면, "포퓰리즘은 민주주의의 뒷모습을 그림자처럼 따라오고 있다."고 말한다. 민주주의의 성립과 발전만이 포퓰리즘의 못자리(苗床)가 되었다고 하면 포퓰리즘 없는 민주주의는 있을 수 없는 것일까?

이 책이 '포스트 민주주의(민주주의 이후)'의 시대에 돌입하는 현대에서 '민주주의의 역설'의 문제와 해결의 실마리를 확실히 풀 수 있다면 다행이다.

차례

제4장   **리버럴 보호를 위해 '반이슬람': 환경·복지**
선진국의 갈등   139

제1장

포퓰리즘이란
무엇인가?

민주주의의 적인가?

먼저 이 장에서 포퓰리즘과 민주주의의 관계를 검토한다. 그리고 그 작업을 통해 포퓰리즘이란 무엇인가를 설명하고 싶다.

먼저 2014년 일본의 어느 정치가의 발언을 참고 한다.

"일본인에게 민주주의가 뿌리내리지 못하고 있다. 민주주의가 국민에게 뿌리를 내리지 못하면 정치에 좋지 않으며, 정치가 좋지 않으면 일본도 좋지 않다."

이 발언을 한 사람은 당시 오사카 시장 하시모토 도루(橋下徹)였다. 이 발언에 이어 그는 "주민이 실제로 주민투표를 경험하지 않으면, 민주주의는 변하지 않는다."고 주장하였다.

포퓰리즘 정치가로 알려진 하시모토는 공무원을 비판하며 의회와 대결하는 등, 민주주의의 중요성을 지적한 것은 의외라고 생각한 사람이 많을지도 모른다. 왜냐하면 포퓰리즘은 민주주의와 양립하기 어려운 일종의 권위주의적인 정치운동이라는 인상이 강하기 때문이다.

이와 같은 인상은 일본에 국한되지 않는다. 원래 최근 각국에서 포퓰리즘 세력의 출현과 신장에 대해 '리버럴 정치질서에 대한 도전', '민주주의의 존립에 위기를 가져오는 것'이라고 우려하는 경우가 많다. 확실히 포퓰리즘은 배타적인 주장을 하며, 지도자와 지지자의 수직적인 관계 설정, 군중의 감정에 호소하는 정치수법 등은 민주주의를 위협할지도 모른다. 정치학자 샹탈 무페(Chantal Mouffe)의 지적처럼, 사람들은 지금 포퓰리즘 정당을 민주적인 제도에 대한 중대한 위협이라고 인식하고 있다. 실제로 현실정치에도 포퓰리즘 정당은 민주주의에 대한 태도에 염려하고 있으며, 몇 나라에서는 기성정당 모두로부터 교섭을 거부당하고, 연립정권으로부터 완전히 배제되어 있다.

그러나 포퓰리즘의 역사를 읽어보면, 포퓰리즘을 "민주주의를 위기에 직면하게 하는 것"이라고 보는 시각은 반드시 일반적이지 않다. 오히려 예전의 포퓰리즘은 소수파 지배를 무너뜨리고, 실제로 민주주의를 지탱하는 해방운동으로 출현하였다. 19세기 말 미국과 20세기의 중남미 여러 나라를 모델로, 포퓰리즘은 기성정치 엘리트 지배에 대항하여, 정치로부터 소외된 다양한 사람들, 즉 농민이나 노동자, 중간층 등의 정치참가와 이익 표출의 경로로 적극 활용되었다. 특히 중남미에서 노동자나 다양한 약자의 지위 향상, 사회정책의 전개를 지지한 중요한 추진력의 하나가 포퓰리즘적 정치였다.

이와 같이 보면 포퓰리즘과 민주주의의 관계는 보통 방법으로 다루기 어렵다는 것을 알 수 있다. 오히려 포퓰리즘이 가지고 있는 '두 가지 논리'를 이해하는 것이 포퓰리즘의 공과를 이해하는 데 중요할 것이다. 예전에 다양한 계층 사람들의 '해방의 논리'로 나타난 포퓰리즘이 현대에는 배외주의와 연계되어 '억압의 논리'로 석권하고 있다.

그러나 현대 포퓰리즘에서도 '억압의 논리'만을 강조하기 어렵다. 예를 들면, 최근 유럽의 포퓰리즘은 이슬람계의 이민을 비판할 때, "남녀평등을 인정하지 않는 이슬람은 문제이다", "민주주의적 가치관과 맞지 않는 이슬람은 인정할 수 없다"라는 논리를 전개하고 있다. 그리고 양성 평등이나 민주주의를 옹호하지만, 대외적으로 이민을 배척한다고 주장하고 있다. 현대의 포퓰리즘도 또한 '해방과 억압'이라는 두 얼굴을 동시에 가지고 있다고 말할 수 있다.

두 가지 정의

그러면 원래 포퓰리즘이란 무엇일까? 이 문제를 언급할 때는, 먼저 정의를 확인할 필요가 있다. 거기서 포퓰리즘의 정의를 정리한 뒤 이 책에서 사용하고 있는 시각을 보여 줄 것이다.

포퓰리즘에 대해서 지금까지 대략 두 종류의 정의가 사용되어 왔다. 첫 번째 정의는 고정적인 지지기반을 넘어, 폭넓게 국민에게 직접 호소하는 정치 스타일을 포퓰리즘으로 취급하는 것이다. 이 입장을 취하는 논자들은 정치학자 오타케 히데오(大嶽秀夫)나 요시다 도루(吉田徹) 등을 들 수 있다.

예를 들면 오타케 히데오는 포퓰리즘을 정치지도자에 의한 정당이나 의회를 우회하여, 유권자에게 직접 호소하는 정치수법으로 다루고 있다. 또한 요시다는 국민에게 호소하는 수사를 구사하여 변혁을 추구하는 카리스마적인 정치형태를 포퓰리즘이라고 한다. 그리고 포퓰리즘 정치가란 지금까지의 정치형태에 변화를 시도하고, 신선한 정치수법을 사용하여, 국민에게 폭넓게 주장하는 것에 성공한 지도자들을 지칭한다. 요시다가 그와 같은 포퓰리즘의 주요한 예로 열거하고 분석한 것은 일본의 나카소네 정권, 영국의 대처 정권, 프랑스의 사르코지 정권, 이탈리아의 베를루스코니 정권 등이다.

아직 일본에서는 신문을 비롯하여 언론계에서도 포퓰리즘이란 '지도자가 대중에게 직접 호소하는 정치'의 의미로 사용하는 경우가 많다.

두 번째 정의는 '국민'의 입장에서 기성정치나 엘리트를 비판하는 정치운동을 포퓰리즘이라고 한다. 포퓰리즘 연구자로 유명한 캐노번 등이 이러한 정의를 따르고, 일본에서도 정치학자

노다 쇼고(野田昌吾), 시마다 유키노리(島田幸典), 고가 미쓰오(古賀光生) 등이 여기에 가깝다. 즉 포퓰리즘이란 정치변혁을 목표로 하는 세력이 기성 정치권력 구조나 엘리트층(및 사회의 지배적인 가치관)을 비판하고, '국민'에게 호소하여 그 주장의 실현을 목표로 하는 운동이라고 말한다. 여기서는 엘리트나 '특권층'과 '국민'(혹은 '민중', '시민')의 양자 대립을 가정한다. 그리고 변혁을 목표로 하는 세력이 '국민'을 '선'이라고 하는 한편, 엘리트는 국민을 무시하는 먼 존재, '악'으로 묘사하고 있다. 여기서 주요한 예로 들고 있는 것은 프랑스의 국민전선, 오스트리아의 자유당을 비롯한 말하자면 포퓰리즘 정당들이다. 최근 정치학에서는 이 정의가 많이 받아들여지고 있다.

이 점에서 프랑스의 사상가 츠베탕 토도로프(Tzvetan Todorov)의 지적은 매우 흥미롭다. 그에 따르면 포퓰리즘이란 전통적인 우파나 좌파로 분류 가능한 것이 아니라, 오히려 '아래'에 속한 운동이다. 기성정당은 우도 좌도 통틀어 '높은' 존재이다. '높은' 엘리트들을 아래로부터 비판하는 것이 포퓰리즘이라는 것이다.

이상과 같이 두 가지 정의가 있지만, 대략 말하면 전자는 지도자의 정치전략·정치수법으로서 포퓰리즘에 주목하는 데 반해, 후자는 정치운동으로서의 포퓰리즘에 중점을 둔다. 그 때문에 두 가지 정의에 대해서는 어느 쪽이 바람직한 정의라는 것이 아니며, 또한 상호 배타적으로도 한계가 있다. 실제 오타케 히데오나 요시다 도루 어느 쪽도 '엘리트 비판'으로서의 포퓰리즘에 대해 설명하고 있다. 분석 대상의 차이에 따라 포퓰리즘의 정의가 다를 수도 있을 것이다.

'엘리트와 국민'의 비교를 중심으로

이상을 근거로 이 책에서는 후자의 정의, 즉 '엘리트와 국민'의 비교를 중심으로 하는 정치운동으로서의 포퓰리즘을 정의로 사용하고 싶다. 왜냐하면 현재 세계 각국을 움직이고 있는 많은 포퓰리즘은 정말로 엘리트 비판을 중심으로 하는 '아래'로부터의 운동에 의해 지지되고 있기 때문이다.

최근 유럽에서 포퓰리즘 정당의 출현이나 EU 탈퇴를 둘러싼 영국의 국민투표, 2016년 미국 대통령 선거에서 드러난 것은 기존의 엘리트층, 즉 기득권층(Establishment: 지배계급)에 대한 '아래'로부터의 강한 반발이었다. 그러한 저항은 글로벌화나 유럽통합을 일방적으로 진행하고, 이민에게 '관용'적인 정치 경제 엘리트에 대한 반발이었다. 그리고 긴축재정이나 산업구조의 공동화 등의 고통을 일방적으로 부담시켜, 소외감을 느끼는 사람들의 반감이 현재의 포퓰리즘을 지지하는 유력한 기반이 되었다. 포퓰리즘 세력은 기성정치로부터 무시당한 사람들의 지킴이를 자처하고 스스로를 '진정한 민주주의'의 담당자로 여겼다.

그리고 그들은 엘리트층을 기득권에게 매달리는 존재로 단죄함으로써 '아래'로부터 강한 지지를 얻었다.

이것을 바탕으로 '국민에게 폭넓게 호소하는' 포퓰리즘이라는 의미보다 국민의 입장에서 엘리트를 비판하는 '아래'로부터의 운동으로서 포퓰리즘이라는 의미 쪽이 보다 적절하게 현실의 포퓰리즘을 파악할 수 있지 않을까?

포퓰리즘에 있어서 '국민'

다음으로 이 정의를 전제로 포퓰리즘의 특징을 생각해 보자. 첫 번째 특징은 포퓰리즘이 그 주장의 중심에 '국민'을 놓고 있다는 것이다. 포퓰리즘 정당은 스스로가 '국민'을 직접대표로 한다고 주장하고 정통화하여 폭넓은 지지의 획득을 시도한다.

캐노번은 포퓰리즘에서 '국민'의 요소를 3가지로 분류하여 설명한다. 첫 번째는 '보통사람들(ordinary people)'이다. 정치 엘리트나 미디어, 고학력층의 특권층과 달리, 오히려 특권층에 의해 무시되어온 '보통사람들'이 포퓰리즘 정당을 염두에 둔 '국민'이다. 이 사람들은 자신들의 발언이 다루어지는 것은 적어도 실은 다수를 차지하는 침묵하는 다수파이며, 포퓰리즘 정당은 그 의견이나 불만을 대변하는 정당이라고 스스로 주장한다.

노다 쇼고(野田幸典)가 말한 것처럼 원래 포퓰리즘에 대한 이해에서, 보통 사람들에게는 '건전한 인간이해'가 준비되어 있고, 부패한 엘리트층의 발상을 이긴다. 그 '건전한 인간이해'를 '직접 정치에 반영시키는' 것이 포퓰리즘 정당의 역할이라고 여긴다.

두 번째는 '하나가 된 국민(united people)'이다. 포퓰리즘 정당은 특정단체나 계급이 아니라, 주권자다운 국민, 국민을 대표한다고 주장한다. 당파적인 대립이나 부분 이익을 초월한 하나가 된 국민을 가정한 후, 개별 이익을 요구하면서 경쟁하는 기성정당, 기성정치가와는 달리 국민의 전체이익을 대표하는 존재로 스스로를 본보기라 생각한다. 국민의 일체성을 전제로 한 점에서 포퓰리즘은 고가 미쓰오(古賀光生)가 지적한 것처럼, 민의가 다양하다고 간주하는 '다원주의'에 대응하고 있다고 말할 수 있다.

세 번째는 '우리들의 국민(our people)'이다. 이 경우의 우리들은 어떠한 동질적인 특징을 공유하는 사람들을 의미하고, 그 이외의 사람들과 우리들을 구별한다. 즉 '국민'이나 주류의 민족 집단을 국민으로 간주하고 우선시하는 한편, 외국인이나 민족적·종교적인 소수자는 '외부자'로 비판의 대상이 된다. 이 경우의 '외부자'는 사회적 약자에 한정하지 않고, 외국자본이나 글로벌 엘리트를 포함하는 경우도 있다.

엘리트 비판과 카리스마적인 지도자

다음으로 포퓰리즘의 두 번째 특징은 '국민'을 중시한다는 증거로 엘리트를 비판하고 있다. 정치·경제뿐만 아니라 사회적, 문화적으로도 극소수의 사람들이 확실히 지배하고 있다는 것을 전제로, 국민의 '건전한 의사'를 무시하는 '부패한 엘리트'의 지배가 비판된다. 그때 중시되는 것은 '금기'를 깨는 것이다. 리버럴한 엘리트 사이의 '담합'에 의해 억눌리고, '금기'시한 주제, 예를 들면 이민에서 범죄의 문제가 목청을 높여 고발된다. 또한 포퓰리즘에서는 의회나 관료제·사법제도를 비롯하여 정치행정제도에 대한 불신이 강하지만, 그것은 이들 여러 제도가 '국민 의사'의 실현을 저해하는 엘리트의 근거지라고 본다.

세 번째 특징은 '카리스마적인 지도자'의 존재이다. 포퓰리즘 정당이 필연적으로 카리스마를 필요로 한다는 의미가 아니라, 포퓰리즘 정치에서는 기성정치·기성정당과 거리를 두고, 민중과 직접 소통을 하는 지도자에 대한 기대가 크다. 절차가 중시되고, 전문용어가 어지러운 의회정치나 관료제와는 달리, 카리스마적인 지도자는 사람들의 목소리를 직접 이해하고 짐작하여, 그것을 명확한 말로 단적으로 표현하고, 그 표현을 위하여 기존의 정치행정제도에 맞서는 인물로 묘사된다. 특히 선거에서 지도자의 역할은 결정적이다. 당내 절차나 정치적 정당성(political correctness, 정치적 올바름)과 같은 정치적 배려에 묶여, 명확한 주장을 주저하는 기성정치가와는 달리 포퓰리즘 정치의 지도자는 솔직한 발언으로 계속 물의를 일으키고, 기성정치에 '민중의 목소리'를 부딪치게 하여 갈채를 받는다.

포퓰리즘의 마지막 특징은 이데올로기가 '빈약하다'는 것이다. 가끔 지적되는 것처럼 포퓰리즘을 구체적인 정책 내용으로 정의하기 어렵다. 예를 들면 1980년대부터 90년대 걸쳐서 서유럽 여러 나라에서 세력을 확장한 포퓰리즘 정당은 당초 복지국가를 비판하고 경제적 자유주의를 주장하는 경향이 강했지만, 그 이후 글로벌한 비판으로부터 오히려 복지국가를 옹호하는 논의를 확장하는 경향이 있었다. 포퓰리즘의 특징은 정말로 반엘리트의 입장에 있고, 구체적인 정책 내용으로 특징지을 수 없다. 지배 엘리트가 가진 이데올로기나 가치관이 변하면, 포퓰리즘의 주장도 그것에 대응하여 거울과 같이 변한다.

포퓰리즘은 민주적인가?

다음으로 이 장에서 중심 주제인 포퓰리즘과 민주주의의 관계에 대해서 검토해 보자. 앞서 설명한 것처럼, 포퓰리즘은 민주주의에 적대적인 정치 이데올로기이며, 포퓰리즘 정당을 반민주주의적인 정당이라고 보는 견해는 지금도 강하다. 포퓰리즘은 '민주주의의 병리', '토의가 아니라 먼저 박수를', '카리스마적인 지도자의 독재' 등으로 이해되는 경우가 많다. 말하자면 민주주의론에서도 정면으로 검토 대상이 되지 않는 경우가 보통이다. 또한 유럽의 맥락에서 보면 포퓰리즘 정당은 우파정당인 경우가 많고, 극우로부터 유래된 포퓰리즘도 있기 때문에, 포퓰리즘은 민주주의에 대해 부정적·비판적이라고 여겨지는 경향이 있다.

그러나 많은 포퓰리즘의 주장은 실은 민주주의의 이념 그 자체와 중복되는 면이 많다. 포퓰리즘을 비교 검토한 정치학자 카스 무데(Cas Mudde)와 크리스토발 로비라 칼트와서(Cristóbal Rovira Kaltwasser)는 적어도 이론상으로는 국민주권과 다수결의 원리를 옹호하는 포퓰리즘은 본질적으로 '민주적'이라고 설명한다.

그것은 왜 그럴까? 포퓰리즘 정당에서는 국민투표나 국민발안을 적극적으로 주장하는 경향이 있다. 오스트리아 자유당은 국민투표의 광범위한 도입, 지자체 장의 직접선거 등을 주장하고, 프랑스의 국민전선도 국민투표나 비례대표제 도입을 통한 국민의 의사 반영을 주장해 왔다. 또한 스위스의 국민당은 국민투표제를 적극적으로 활용하고 가끔 성공을 거두고 있다(제5장). 이와 같은 직접 민주주의적 여러 제도는 정말로 민주주의의 본래의 존재 방식에 부합하는 것이며 반민주주의라고 일괄적으로 말할 수 없는 것이다.

현재 서구 포퓰리즘에서 우파도 민주주의나 의회주의는 기본적으로 전제하고 있으며, 폭력행동을 시인한다. 말하자면 극우의 과격주의와는 확실히 다르다. 많은 포퓰리스트들은 적어도 주장에서는 '진정한 민주주의자'를 자임하고 국민을 대표하는 존재로 자리매김하고 있다.

그와 같이 보면 각국의 포퓰리즘 정당이 표적으로 삼는 것은 민주주의 그 자체보다는 대표자를 통한 민주주의, 즉 대표제 민주주의(간접 민주주의)라고도 말한다. 포퓰리즘 연구에서 명성이 높은 폴 태거트(Paul Taggart)가 말한 것처럼, 대표제의 틀 내에서 논의하는 것보다도 대표제 그 자체에 대한 반발이 포퓰리즘의 근저에 있다는 것이다.

포퓰리즘 정당은 대표제=정치 엘리트가 시민의 요구를 무시하고 자기 이익의 추구에 전념하고 있다고 비판한다. 그리고 시마다 유키노리(島田幸典)가 정확하게 지적하고 있는 것처럼, 시민의 요구를 실현하는 회로를 포퓰리즘 정당이 신중하게 요구하고 있으므로, 오히려 포퓰리즘 정당의 주장이 타당성·정통성을 획득하고 있는 면도 있다. 무데(Mudde) 등의 표현을 사용하면 포퓰리즘은 정말로 민주주의의 존재에 의해 생긴 것이다.

현대 일본의 대표적인 포퓰리즘 정치가로 주목받은 하시모토 도루 전 오사카 시장도 또한 앞서 설명한 것처럼 가끔 '민주주의'를 내세워 스스로의 주장에 근거를 부여하고, 주민투표의 실시를 호소하였다. 그의 정치 스타일은 종래 보수정치가와는 크게 달랐으며, 그 때문에 지지자는 보수층을 넘어 늘어났다. 또한 진보적이라고 여겨지는 유명인의 지지도 어느 정도 받을 수 있었다. 오사카도 구상의 찬반을 묻는 주민투표에서 패한 하시모토는, 정계은퇴를 표명하고 심야 회견에서 다음과 같이 언급하였다.

"패배는 패배입니다. 싸움을 걸어…… 이쪽이 두들겨 맞고 패배했다. 이것이 민주주의입니다."

하시모토에게, 포퓰리즘적인 방법과 민주주의는 위화감 없이 연결되어 있는 것 같다. 그러나 그러면 왜 포퓰리즘과 민주주의의 관계에 대해서 정반대의 해석이 성립할까?

근대 민주주의의 두 가지 원리

그 배경에 근대 민주주의를 지탱하는 두 가지 원리 사이에 긴장관계가 있다. 정치이론 연구자 야마모토 게이(山本圭)는 근대 민주주의에는 두 가지의 설명(해석), 즉 '입헌주의적 해석'과 '포퓰리즘적 해석'이 있다고 설명한다.

'입헌주의적 해석'은 단적으로 이야기하면 법의 지배, 개인적 자유의 존중, 의회제도 등을 통한 권력 억제를 중시하는 입장이며, '자유주의'적 해석이라고 말할 수 있다. 다른 한편 '포퓰리즘적 해석'은 국민의 의사 실현을 중시한다. 통치자와 피치자의 일치, 직접 민주주의의 도입 등 민주주의적 요소를 전면에 내세우는 입장이다.

이 두 가지 해석 사이에 긴장관계가 있으며 양자의 어느 쪽을 취하는가에 따라 포퓰리즘에 대한 평가가 달라진다. 근대 민주주의에 있어서 자유주의의 전통을 옹호하는 사람은 포퓰리즘에 경계(警戒)적이며, 민주주의의 전통을 옹호하는 사람은 포퓰리즘에서 민주주의를 발견할 것이라고 야마모토는 설명하고 있다.

이러한 구별은 포퓰리즘에 관한 캐노번의 획기적인 논문「민주주의의 두 얼굴」은 민주주의를 두 개로 구분하는 것과도 관계 있다. 그녀는 실무형(pragmatic) 민주주의와 구제형(救濟型, redemptive) 민주주의라는 두 개의 민주주의로 나눈다.

먼저, 실무형 민주주의에서는 룰이나 제도의 설정을 중시하면서 분쟁 해결을 시도하려 하고, 정치가나 관료들에 의한 일상의 낡은 정치행정 절차가 중심을 이루고 있다. 이에 대해 구제형 민주주의에서는 주권자다운 국민의 활동을 통하여 '보다 좋은 세계'를 목표로 하는 것이 필요하다고 지적하고, 제도나 룰을 넘어 국민의 직접 참가가 중시된다고 말한다.

그리고 실무형의 민주주의가 우위에 서고, 구제형의 민주주의가 소홀히 되면, 민중들은 '소외감'이 커져, 그 차이를 메우려고 포퓰리즘은 지지를 넓혀 간다. 포퓰리즘은 기득권층(직업정치가나 관료, 이익단체)에 의해 민중으로부터 멀리 떨어진 정치의 존재방식을 올바르게 하고, 사람들의 목소리를 직접정치에 반영할 것을 주장함으로써 사람들의 공감을 얻는다.

민주주의에 이러한 '실무형'과 '구제형'이라는 '두 얼굴'이 있다고 한다면, 어느 쪽의 요소도 민주주의에 없어서는 안 된다고 그녀는 말한다. "민주주의를 순수하게 실무형으로 해석함으로써 도피하려는 시도는 환상으로 끝난다. 왜냐하면 실무형 시스템으로서의 민주주의의 권력과 정통성은, 적어도 부분적으로는 구제적인 요소에 기초한 것이기 때문이다. 이와 같은 것은 항상 포퓰리즘이 발생하는 여지를 줄 것이다. 포퓰리즘은 민주주의의 뒷모습을 그림자처럼 따라가기 때문이다."

이와 같이 포퓰리즘과 민주주의의 관계를 보면, 포퓰리즘은 민주주의를 부정하는 것이라기보다는 오히려 그 하나의 중요한 측면, 즉 민중의 직접 참가를 통한 '보다 좋은 정치'를 적극적으로 목표로 하는 시도와 밀접하게 연결되어 있음을 알 수 있다.

급진적 민주주의와 공통점

이러한 것은 포퓰리즘과 이른바 급진적 민주주의와의 관계를 파악함으로써 한층 확실해질 것이다.

급진적 민주주의란 최근 '새로운 사회운동'이나 다문화주의, 참여형 민주주의, 토의 민주주의론 등 민주주의의 심화를 요구하는 다양한 운동·사상을 가리킨다. 정치적인 좌우 축에서 말하면 '좌익'에 속하는 주장이 많고, 얼핏 보기에 우익적 경향이 강한 최근의 포퓰리즘의 주장과는 좌우 양극에 있다.

　　그러나 실은 야마모토 게이가 지적하는 것처럼 양자에는 공통점이 많다. 다양한 운동이나 경로를 가지고 있는 사람들의 정치참가를 촉진하는 급진적인 민주주의와 포퓰리즘은 대의제 민주주의의 기능불능을 비판하고, 사람들의 직접적인 참가로부터 기존 정치의 한계를 극복하려고 하는 점에서 의외로 일치하고 있다. 엘리트가 아니라 풀뿌리 민중들의 희망을 실현하려고 하는 점에서 급진적인 민주주의의 논의는 포퓰리즘에 접근하고 있다.

　　두 가지는 어느 것이나 근대 민주주의에서 '민주주의적' 전통을 강조하는 것으로, 기성 정치엘리트에 의한 지배를 비판하고, 민중의 자기통치의 회복을 요구하는 입장을 취하고 있으며, 비판하는 대상이나 일반 사람들에 대한 '기대'라는 점에서, 공통의 토양 위에 서 있다고 말할 수 있다.

　　예를 들면, EU 탈퇴파가 다수를 차지하고 있는 영국의 국민투표에 대해서 급진적 민주주의의 대표적인 논자인 샹탈 무페는 (일방적으로 탈퇴파에게 주는 것이 아니라고 계속 이야기하고) "이 결과가 유럽에 유익한 쇼크가 되어 줄 것을 희망한다."고 말하면서 공감하였다. 그녀는 투표 결과가 금융계나 신자유주의 세력에게 타격이 된다면 "기쁘겠다"고 말하고, 현재와 같은 유럽 통합에 대해 회의를 표시하였다. 글로벌 엘리트 주도로 민중부재의 유럽통합에 대해서는 포퓰리즘 세력도 급진적인 민주주의의 논자도 서로 비판적이다. '상류'를 비판하는 '하류'의 운동이라는 점에서 양자 사이의 거리는 예상과 달리 좁혀지고 있다.

글로벌화의 진전으로 국민국가의 틀이 동요하는 가운데, 기성정치에 대한 사람들의 위화감이 심해지고 있다. 그리고 민중들의 의사를 반영하지 않는 것처럼 보인다. 기존의 자유민주주의 체제의 존재 방식에 대한 근본적인 문제 제기를 하였다는 점에서 포퓰리즘과 급진적인 민주주의는 마주하는 거울과 같이 지지를 확대하고 있다.

이와 같이 포퓰리즘은 민중의 참가를 통하여 '보다 좋은 정치'를 목표로 하는 '아래'로부터의 운동이다. 그리고 기성의 제도나 룰에 의해 보호된 엘리트층의 지배를 타파하고, 직접 민주주의에 의해 사람들의 의사 실현을 목표로 한다. 그러한 의미에서 포퓰리즘은 민주적 수단을 사용하여 기존의 민주주의의 문제를 단번에 해결하는 것을 목표로 하는 급진적인 개혁 운동이라고 말할 수 있을 것이다.

민주주의에 대한 기여와 위협

그러면 포퓰리즘은 민주주의의 발전에 기여한다고 말할 수 있을까? 이 점에 대해서 흥미로운 검토를 하고 있는 연구자는 무데와 칼트와서 두 사람이다. 두 사람은 포퓰리즘과 민주주의의 관계를 중남미와 유럽의 사례로부터 다각적으로 검토한 뒤, 포퓰리즘이 민주주의의 발전을 촉진하는 방향으로 움직인다면, 민주주의에 대한 위협으로 작용하는 경우도 있다고 설명하고 있다.

먼저, 민주주의의 발전을 촉진하는 면에서 살펴보자. 첫째로, 포퓰리즘은 정치로부터 배제되어 온 주변적인 집단의 정치참가를 촉진하는 것으로, 민주주의의 발전에 기여한다. 중남미에서 보이는 것처럼 권위주의적인 통치 엘리트의 지배에 대항하여 민중의 참가를 촉진하고, 자유와 동시에 공정한 선거를 실현한 뒤, 포퓰리즘이 수행한 역할은 크다. 또한 민주주의를 실현한 여러 국가에서도 엘리트에 의해 소홀하게 취급되었다고 느낀 사람들의 의사를 정치적으로 표출할 기회를 부여할 수 있다. '침묵하는 다수(Silent Majority)'에게 정치참여의 기회를 제공할 수 있는 것은 때때로 포퓰리즘이다.

둘째로, 포퓰리즘은 기존의 사회적인 구별을 넘어 새로운 정치적·사회적인 통합을 만들어냄과 동시에, 새로운 이데올로기를 제공할 수 있다. 즉 농민과 노동자와 같은 개별적인 사회집단의 틀을 넘어 국민이라는 통합을 담당하는 집단을 만들어내고, 그들의 입장에 서서 이데올로기를 부여한다. 그것에 의해 정당 시스템을 비롯하여 커다란 변동을 불러일으켜 정치적인 혁신이 가능해진다고 말한다.

셋째로, 포퓰리즘은 '정치'의 복권을 촉진한다. 즉 중요한 과제를 경제나 사법의 장에 맡기는 것이 아니라, 정치의 장으로 끌어냄으로써, 사람들이 책임감을 가지고 결정을 내릴 수 있게 한다. 또한 그것은 정치라는 것이 가진 대립적인 측면을 불러일으킴으로써 여론이나 사회운동의 활성화로 연결된다고 말한다.

이와 같이 포퓰리즘은 사람들의 참가와 포섭을 촉진함으로써 민주주의의 실현에 기여할 뿐만 아니라 이미 실현한 민주주의를 보다 발전시키는 것, 즉 '민주주의를 민주화한' 후에도 중요한 의의를 가지게 된다.

그러나 다른 한편 포퓰리즘은 민주주의의 발전을 저해하는 측면도 가지고 있다.

첫째로 포퓰리즘은 '국민'의 의사를 중시하는 한편, 권력 분립, 억제와 균형과 같은 입헌주의의 원칙을 경시하는 경향이 있다. 입헌주의에서 중요한 절차나 제도는 국민 의사의 실현을 저해하는 것으로 비판된다. 특히 거기서 문제가 되는 것은 다수결 원칙을 중시하는 나머지, 약자나 마이너리티(소수자)의 권리가 무시되는 것이다.

둘째로, 포퓰리즘에는 적과 친구를 구별하는 발상이 강하기 때문에, 정치적인 대립이나 분쟁이 급진화할 위험이 있다. 포퓰리즘 대 반(反)포퓰리즘과 같은 새로운 균열이 생겨나기도 하고, 끊임없는 정치투쟁 가운데 타협이나 합의가 곤란해질 위험이 있다.

셋째로, 포퓰리즘은 국민의 의사 표현, 특히 투표로 단번에 결정하는 것을 중시하는 나머지, 정당이나 의회와 같은 단체·제도나 사법기관 등 비정치적 기관의 권한을 제약하고, '좋은 정치'를 방해할 위험이 있다.

이와 같이 포퓰리즘은 사람들의 참가나 포섭을 촉진하는 한편, 권한의 집중을 계획함으로써, 제도나 절차를 경시하고 소수파에게 억압적으로 작용할 가능성도 있다. 그러므로 포퓰리즘과 민주주의의 관계는 두 가지 뜻(兩義的)으로 해석할 수 있다.

활성화인가 혹은 위협인가?

그러면 어떠한 경우 포퓰리즘이 민주주의의 발전에 기여하기도 하고, 혹은 민주주의에 위협으로 작용할까?

무데와 칼트와서가 주목한 것은 포퓰리즘 정당이 직면한 맥락이다. 구체적으로 ①포퓰리즘 정당이 출현한 국가에서 민주주의가 고정화(固定化)되어 있는가? 그렇지 않으면 고정화되어 있지 않은가? 그리고 ②포퓰리즘 정당이 여당으로 정권을 장악하고 있는가? 야당인 비판세력으로 머무르고 있는가? 두 가지 조건에 의해 포퓰리즘 정당이 민주주의의 질에 미치는 영향이 크게 변화한다고 말한다.

먼저, 야당으로서 포퓰리즘 정당의 존재는 배제되어 온 사회집단의 참가를 촉진하고 동시에 기성정당에 긴장감을 부여함으로써, 민주주의의 질을 높이는 방향으로 작용한다. 예를 들면 벨기에에서 포퓰리즘 정당의 출현과 약진으로 기성정당이 유권자의 의향에 민감하게 되고, 다양한 당 개혁을 추진하게 되었다(3장). 특히 안정된 민주주의에서는 포퓰리즘 정당의 출현은 민주주의를 활성화시키는 효과가 있다고 말한다.

다른 한편, 포퓰리즘 정당이 정권을 획득한 경우, 특히 그것이 안정적인 민주주의를 실현하고 있지 못한 국가의 경우 포퓰리즘 정당은 민주주의에 대한 위협으로 나타난다. 입헌주의를 부정하고 권위주의적 통치를 단행함으로써, 오히려 민주주의의 질을 깎아내리는 위험이 있다고 말한다. 그 전형적인 사례가 쿠데타에 의해 헌법을 정지시킨 페루의 후지모리 정권이다. 특히 중남미의 포퓰리즘의 경우 다양한 계층을 배경으로 하는 포섭적인 운동인 한편, 정권을 획득한 그날 새벽에 '민중의 의사'를 배경으로 권력을 빈번하게 남용할 위험이 있고 민주주의를 방해하게 된다.

여전히 민주주의가 정착된 국가의 경우 포퓰리즘 정당이 여당이 된 경우에도, 민주주의가 위기에 처하게 된다고 말할 수 없다고 한다.

네 가지 대처법

그러면 포퓰리즘이 민주주의에 대해 가지고 있는, 두 가지 해석의 영향에 따르면, 포퓰리즘 정당에 어떻게 대처하는 것이 바람직할까? 특히 기성의 정치세력은 포퓰리즘 정당에 어떻게 대응하면 좋을까?

기성세력에 의한 대응전략에 대해 카스 무데 등의 연구를 참고하면 다음과 같은 네 가지 형태로 분류할 수 있다.

첫 번째 형태는 '고립화'이다. 기성정당이 포퓰리즘 정당과 협력하기도 하고, 함께 연립정권 구성을 원칙적으로 피하려는 대응이다. 이 경우 포퓰리즘 정당은 민주주의의 하나의 행위자로서 존재 자체가 부정된다. 프랑스 국민전선, 벨기에의 VB(제3장)에 대한 대응이 이것에 해당한다.

그러나 이 대응 방법은 포퓰리즘 정당을 민주주의와 서로 어울리지 않는 '악'으로 규정하고 있다는 점에서 일종의 선악 이원론이고, 기성정당을 싸잡아 비판하는 포퓰리즘 정당의 주장을 뒤집는 것이 된다. 그 결과 포퓰리즘 정당을 계속 배제하면서 실은 그 주장에 강한 설득력을 부여하는 것이 될 것이다.

두 번째 형태는 '비정통화' 혹은 '대결'이다. 이 경우 기성세력은 포퓰리즘 세력의 정통성을 전면적으로 부정하고, 경우에 따라서 적극적으로 공격을 시도한다. 독일에서는 극우정당을 위법화해 왔으며, 베네수엘라에서는 기성 정치의 엘리트가 포퓰리즘 정권으로 성립한 차베스 정권을 비판하고 이어서 군사쿠데타를 주장하며 정권의 전복을 기도하게 되었다.

이상 두 가지 형태에서는 기성세력이 포퓰리즘에 적대적인데 대해, 제3, 4의 형태에서는 기성세력은 오히려 포퓰리즘에 융화적 혹은 친화적이다.

제3의 형태는 '적응' 혹은 '포섭'이다. 이 경우 기성세력은 포퓰리즘 정당의 정통성을 어느 정도 인정한 뒤, 포퓰리즘 정당의 도전을 받고 자기개혁에 노력한다. 이와 같은 것은 결과적으로 기성정당에 대한 사람들의 불만을 부드럽게 하여 때에 따라서는 포퓰리즘 정당의 주변화를 촉진하는 효과를 가져온다. 오스트리아에서 국민당이 취한 전략은 바로 이것에 해당하고, 포퓰리즘 정당인 자유당과 연립정권을 구성함으로써, 오히려 자기 당의 정치적 주도권의 회복에 성공했다는 것이다. 포퓰리즘 정당의 주장은 샹탈 무페가 말하는 것처럼 "일단 정권의 중요한 부분을 담당하면 약화되어 버린다."

제4의 형태는 '사회화'이다. 포퓰리즘 세력을 부인하지 않고, 민주주의의 행위자로 인정하는 점은 '적응'과 공통하지만, '사회화'의 경우는 보다 적극적으로 포퓰리즘 세력을 움직여, 그 변질을 촉진한다는 점이 특징적이다. 즉 기성세력은 포퓰리즘 세력을 기존의 정치적 틀에 포함시킴으로써, 포퓰리즘을 리버럴 민주주의 속에서 순화시키려 하는 것이다. 실제로 오스트리아에서 연립정권에 영입된 포퓰리즘 정당이 당내분열을 일으키고, 세력을 약화시킨 예를 들 수 있다.

이와 같이 보면 단순히 포퓰리즘 정당을 비판하고 배제하는 것만으로는, 오히려 그 정통성에 보증을 부여해 주는 결과로 끝나고, 어떠한 해결도 하지 못한다는 문제점을 알 수 있다. 그러나 다른 한편, 그러한 대처를 위해 연립에 끌어들이는 것도 신중하지 않으면 안 된다. 무데 등이 설명하는 것처럼 포퓰리즘 정당이 민주주의를 위협하지 않도록 하기 위해서는, 민주주의 자체에 대한 믿음이 확립될 필요가 있기 때문이다. 그 조건이 만족되지 않은 상태로 포퓰리즘 정당을 여당으로 끌어들여, '사회화'를 시도하는 것은 민주주의에 커다란 위험이라고 말하지 않을 수 없다. 포퓰리즘 정당을 받아들이는 기성정당에도 상응한 각오와 전략이 필요하게 된다. 또한 스위스 국민당처럼 연합정권의 여당의 하나가 포퓰리즘 정당으로 전환할 경우에 '포섭'의 의미가 없어질 것이다. 포퓰리즘 정당에 대한 대응에는 만능의 처방전이 없는 것 같다.

이 책의 무대: 중남미와 유럽

그러면 다음 장에서는 역사를 거슬러 올라가, 포퓰리즘의 구체적인 전개에 대해 살펴본다. 무대는 중남미와 미국 그리고 유럽이다. 그 과정을 통해 포퓰리즘과 민주주의의 두 가지 관계가 역사 속에서 알게 되어, 현대 민주주의에 포퓰리즘이 제기하는 물음은 확실해질 것이다.

먼저, 제2장에서 아메리카 대륙 특히 중남미에 착안하고 '해방'의 포퓰리즘의 전개를 명확히 할 것이다. 제3장에서 6장까지는 유럽을 다루고, 최근 포퓰리즘의 발전의 메커니즘이나 주장을 명확히 설명하고, 현대의 '억압'의 논리가 '리버럴'한 '민주주의'의 논리와 사실은 함께하고 있다는 것을 보여 줄 것이다. 마지막으로 제7장에서 트럼프의 미국 대통령 선거 승리에 대하여 언급하면서, 최근의 포퓰리즘의 글로벌한 전개를 설명하려고 한다.

다만, 이 책의 유럽 부분에서 프랑스나 독일과 같은 유럽의 대국에 대해서도 언급할 것이다. 그리고 특히 상세하게 다루는 국가로는 국민투표가 실시된 영국(제6장)을 제외하면, 벨기에(제3장), 네덜란드(제4장), 스위스(제5장)와 같은 소국이 많다. 유럽의 소국은 '덴마크 모델', '네덜란드 모델'로 불리는 것처럼, 상황 변화에 잘 대응할 수 있는 기동력을 무기로 다양한 변화를 앞지르는 선진적인 개혁으로 가끔 모델로 되고 있다.

그러나 동시에 이들 국가들은 포퓰리즘 정당의 진출이라는 점에서도 '선진적'이고, 그 '반이민', '반이슬람'과 같은 주장도, 오히려 소국에서 첨예하게 전개되고 있다. 유럽의 소국에서 볼 수 있는 것으로, 유럽 나아가 세계가 안고 있는 첨단적인 과제가 제시될 것이다.

해방의 논리:

북미와 남미에서

탄생과 발전

미국 대륙이라는 기원

유럽 각국의 정치를 휩쓸고, 이어서 대서양을 건너 트럼프를 미국 대통령에 당선시킨 포퓰리즘. 그러나 실은 포퓰리즘의 기원은 미국 대륙에서 찾을 수 있다. 포퓰리즘에서 '해방의 다이너미즘'은 오히려 남북 아메리카에서 바로 그 특징을 발휘하였다고 말한다.

그래서 이 장에서는 19세기 말까지 거슬러 올라가, 미합중국에서 출현한 포퓰리즘의 역사를 간단히 살펴본 후, 포퓰리즘이 20세기 중반 전면적으로 개화하고, 지금도 아직 지속적인 영향을 미치는 중남미에 대해서 상세히 보고 싶다. 중남미의 포퓰리즘 연구자로 유명한 케네스 로버츠(Kenneth Roberts)가 말하는 것처럼, 포퓰리즘은 중남미 여러 국가에 좋든 나쁘든 변혁을 가져와, 이 지역 정치에 지울 수 없는 증거를 남기게 되었다. 중남미에서 일단 퇴조한 것처럼 생각된 포퓰리즘도 가끔 재생하여 정치의 바깥 무대로 복귀하고, 새로운 시대에 대응한 변화를 이루고 있다.

특히 이 장에서 아르헨티나의 후안 도밍고 페론 아래서 개화한 포퓰리즘(페론주의)에 초점을 맞춘다. 그것으로부터 민중의 열렬한 지지를 받은 포퓰리즘이 가지고 있는 다이너미즘과 그 한계에 대해 설명하고 싶다.

미국의 국민당

그런데 포퓰리즘이 정치현상으로 역사 속에서 본격적으로 등장하고, 폭넓게 주목된 것은 19세기 말 미국이다. 1892년 창설되고, 2대 정당의 지배에 도전한 국민당(People's Party)은 다른 이름으로 포퓰리스트당(Populist Party)이라고 불리고, 국민당의 당원은 포퓰리스트라고 불렸다. 이러한 국민(people)에 의해 엘리트 지배를 비판하는 정치운동이 그 이후 포퓰리즘이라고 불리게 되었다. 포퓰리즘이라는 언어의 어원이라는 의미에서도 미국의 국민당은 중요한 위치를 차지하고 있다.

국민당의 창당 배경은 무엇인가? 그것은 19세기 말 미국에서 경제사회상의 대규모 변동 특히 격차의 확대 문제였다. 남북전쟁 이후 미국에서 자본주의 경제의 발전에 의해 스탠더드 석유회사(Standard Oil), 카네기 철강회사, 서던 퍼시픽 철도(Southern Pacific Railroad) 등과 같은 거대 기업이 출현하고, 시장에서 독점적인 지위를 획득하였지만, 다른 한편 도시 노동자는 생활불안과 장시간 노동을 강요당하고, 노동운동은 탄압되었다. 또한 중서부나 남부의 농민들은 불황 아래서 채무를 떠안고, 철도회사가 일방적으로 설정하는 운송운임도 인상되었기 때문에 궁핍한 사람이 계속 증가하였다.

그러나 이러한 상황에 대해 공화당과 민주당 두 정당은 모두 냉담하였으며, 정치부패가 자주 발생하였다. 독점적인 기업지배 그리고 그것과 연결되어 있는 금권정치로부터 독립혁명 이래 미국 사회의 핵심을 담당해 온 노동자층이 무시되고 있다는 인식이 높아갔다.

이러한 때 국민당 성립은 농민이나 노동자의 불만을 정리해 주고, 그 위에 사회개량운동이나 금주운동 등 남북전쟁 후 미국에서 시작한 여러 가지 사회운동이 추가되는 형태로 이루어졌다. 1892년 채택된 강령에서 국민당은 현재의 "도덕적, 정치적, 물질적인 혼란 상태" 가운데, 노동자나 농민의 어려운 상황이 확대되고 있다고 비판하였다.

그리고 다음과 같이 격렬한 비판은 계속되었다. 이러한 중대한 위기 국면에서도 2대 정당은 국민들의 목소리에 귀를 기울이지 않았다. 양당은 모두 권력투쟁을 일삼았을 뿐, "억만장자로부터 부패한 금을 확보하는" 데 급급하였다. 그들은 "가난한 사람들이 중대한 부정으로 어려워하고 있다"는 것을 무시하고, 민중(multitude)을 업신여기고 있었다. 자신들의 부를 우선시하고,

틀림없이 민중의 가정이나 생활 그리고 어린이들을 희생하고 있었다. 그 때문에 필요한 것은 정부를 국민의 손으로 되돌리는 것이다. 왜냐하면 정부는 정말로 '보통 사람들(the plain people)'로부터 탄생한 존재였기 때문이다.

이와 같이 당 강령에서 이념을 더 높이 외쳤던 국민당은 당시 급진적 정책을 주장하고 2대 정당에 도전하였다. 급진적인 정책은 누진과세, 철도나 통신전화 사업의 공유화, 기업의 농지 소유의 제한, 은화의 자유주조(인플레이션을 통한 농민의 채무경감과 농산물 가격이 상승하는 것이 기대되었다.), 자유롭고 공정한 선거의 실현, 노동규제의 강화 등이었다. 그리고 1892년 대통령 선거에서 남북전쟁 당시 연방군의 장군이었던 제임스 위버(James Weaver)가 후보로 선거전에 뛰어들고, 득표율 8.5%라는 성과를 거두었다. 특히 중서부나 서부의 농업 지역인 주(州)에서 두드러지게 약진하였고, 콜로라도 주, 네바다 주, 아이다호 주, 캔자스 주에서는 과반수의 표를 획득하였다. 또한 1894년 실시된 상하원 선거에서는 하원에서 7명, 상원에서 6명의 의원을 당선시키는 등 주(州) 의회 선거에서 당선자는 수백 명을 넘었다.

한계와 역사적 의의

그러나 국민당의 쇠퇴도 빨랐다. 국민당의 지지가 높았던 곳은 남부·서부의 농업 지역 주가 거의 대부분이었고, 도시 지역의 노동자층으로 침투하는 데 실패하였다. 또한 운동의 주체는 백인이었고, 흑인층의 지지를 확장하는 것은 염두에 두지 않았다. 여성 참정권에도 소극적이었다. 그 때문에 지지기반은 '농업 지역 주의 백인남성'에 사실상 한정되었다.

국민당의 진출에 위협을 느낀 기성정당의 대응도 빨랐다. 민주당은 1896년 대통령 선거에서 서부 지역 농민층의 지지를 받고 있는 윌리엄 제닝스 브라이언(William Jennings Bryan) 하원의원을 옹립하였다. 그러나 그는 은(銀)의 자유주조를 호소하고 선거구인 네브래스카 주에서 국민당과 협력관계를 맺는 등 국민당의 정책·주장에 가까운 인물이었다. 그 때문에 국민당은 브라이언의 지지의 찬반을 둘러싸고 당내가 분열되었다. 최종적으로 국민당의 집행부는 브라이언을 공인 후보로 결정하였으나, 브라이언은 당선하지 못하고 국민당에 깊은 상처를 남겼다.

또한 19세기 말부터 20세기 초까지, 미국은 개혁지향의 '혁신주의' 시대에 접어들었고, 기업독점에 대한 규제, 노동자 보호, 정치의 민주화 등 국민당의 주장이 반영된 여러 개혁이 어느 정도 실행된 결과, 국민당의 존재 의의도 점점 약해졌다. 이후 국민당은 약체화의 길을 걸으며 1908년 소멸하였다. 2대 정당의 벽은 두터웠다.

그러나 단명으로 끝나긴 하였지만 미국의 국민당이 남긴 역사적 의의는 크다. 국민당은 '보통사람들'에게 기반을 두고 기성 정치를 비판하는 입장에서 시작하여, 기득권에 대한 엄중한 고발, 구체적이며 동시에 급진적인 개혁의 주장, 일반에게 폭넓게 통용되고 이해하기 쉬운 말을 사용하는 데 이르기까지, 나중에 전개되는 정치운동에 많은 영향을 미쳤기 때문이다.

국민당의 운명은 미국은 말할 것도 없이 중남미, 유럽에서도 최초의 포퓰리즘 정치 경험의 모범으로 이후에도 반복적으로 참고가 되었다. 그리고 1세기 정도 지난 2016년 대통령 선거에 돌입한 공화당 후보의 트럼프의 주장과 스타일은 기존의 정치경제 엘리트에 대한 통렬한 비판을 비롯하여, 국민당의 유산을 어디선가 물려받은 것같이 생각된다.

왜 중남미를 휩쓸었는가?

이와 같이 미국에서 혜성과 같이 나타나서 사라져버린 국민당의 포퓰리즘이었지만, 중남미에서는 상황이 달랐다. 중남미의 포퓰리즘 세력은 1930년대 이후 대지주나 광산주인 등의 과두지배에 대항하여, 중간층이나 노동자, 농민 등 다양한 지배층을 배경으로 발전하였다. 그리고 각 국가에서는 정권을 획득함과 동시에 다양한 경제개혁·사회개혁을 진행하였다.

거기에서 특히 눈에 띄는 것은 카리스마적인 인기를 자랑하는 지도자의 존재였다.『중남미에서 포퓰리즘』의 편저자인 마이클 콘니프(Michael L. Conniff)가 말하는 것처럼, 포퓰리즘의 지도자들은 20세기 중남미에 아주 강한 인상을 남긴 정치지도자였다. 포퓰리스트들은 변혁을 실현하고, 혼란한 시대에 대중들에게 구원을 가져오는 존재, 대중에게 귀속감을 부여하는 존재로 절대적인 신뢰를 얻었다. 그들은 "사회를 개혁하고, 대중의 생활 개선을 약속하였다. 그리고 물질과 정신적인 면에서 변혁과 진보를 나타내는 존재였다."

그러면 왜 20세기 중엽 포퓰리즘은 중남미를 휩쓸었을까?

중남미에서 포퓰리즘 등장의 중요한 배경은 중남미에서 역사적으로 형성되어 온 사회경제상의 압도적인 불평등이었다. 오랫동안 스페인과 포르투갈에 의한 식민지 경제가 성립하고, 농업이나 광산업 개발이 진행되었다. 스페인과 포르투갈 정부는 국제시장에서 수요가 있는 사탕이나 담배, 염료, 향료 등을 생산하면서 금, 은, 다이아몬드 등의 귀금속을 채굴하여 거액의 이익을 올리려 하였다.

그 노동력으로 여겨진 것은 먼저 선주민이었다. 선주민에게 무거운 무역이나 공납을 부과하는 '엔코미엔다(Encomienda: 위탁, 위임)' 제도 아래서, 그들의 토지를 빼앗는 형태로 대토지 소유가 진행되었다. 혹사된 선주민의 인구가 대폭 감소되면 아프리카로부터 많은 흑인노예가 들어왔다. 노예제 폐지까지 아메리카 대륙에 들어온 흑인 노예는 1,000만 명을 넘었지만, 그 가운데 95%가 카리브해 여러 섬과 중남미로 들어왔다고 한다.

19세기 전반 중남미 각국이 독립하고, 본국 파견의 행정관이 물러간 후에도 대토지 소유자와 광산 주인으로 이루어진 백인 지배층은 정치적·경제적 실권을 계속 잡았다. 그리고 19세기 후반 지배층은 유럽과 미국으로 수출을 위한 농산물과 광산품 생산에서 상업 거래상의 좋은 기회를 엿보기 시작하였으며, 자유무역체제를 진행함과 동시에 외국자본을 적극적으로 도입하여 인프라 정비를 계획하였다. 영국 등의 자본과 기술을 가진 철도나 도로, 항만개발이 진행되고, 철도나 전력을 비롯하여 기간산업은 외국자본의 소유 아래 놓였다. 노동력 수요도 높아가고 유럽의 여러 국가, 특히 스페인이나 이탈리아로부터 많은 이민이 중남미로 들어왔다. 이렇게 멕시코나 브라질은 광산물과 커피, 아르헨티나 및 주변 국가들로부터 이루어진 라플라타(La Plata: 남미의 아르헨티나와 우루과이 사이를 흐르는 강) 주변의 여러 국가는 곡물과 식육, 양모와 같은 세계적인 수출품을 생산하여 경제발전을 이루었다.

올리가키의 지배

그러나 경제발전에도 불구하고, 정치는 소수의 엘리트에 의해 독점되었다. 농원주인이나 광산주인, 대상인으로 이루어진 백인 지배층은 인구의 1%에 못 미치는 작은 그룹으로 이루어졌다. 다만 과두지배층(Oligarchy)이라고 불린 그들은 정치적으로는 자유주의를 목표로 하고, 제한 선거제를 취하면서 권력의 분산, 정교분리 등 자유주의적인 정치체제의 확립에 노력하였다. 원래 중남미 여러 국가에서는 독립할 때 계몽주의를 수용한 자유주의자가 중요한 역할을 하였으며, 독립 후 보수파와의 투쟁에서도 자유주의가 우위에 섰기 때문에, 19세기 각국에서 자유주의가 지배적이었다.

그러나 그것은 제한선거제 아래 엘리트층이 권력을 독점한 '명망가 민주제'에 머물고, 인구의 다수를 차지하는 농민·광산 노동자들과 양극 구조는 계속되었다. 그럼에도 불구하고 지배층은 친유럽과 친미국적인 백인이 주체였으며, 중남미의 토착 문화에는 부정적이었다.

여기에 변화를 가져온 것은 19세기 말 이후 도시의 발전이다. 수출산업의 융성, 공업의 발전을 배경으로 각국의 수도나 항만 도시는 급격하게 발전을 이루고, 농민이나 농촌 지역으로부터 인구유입이 집중되었다. 리우데자네이루, 부에노스아이레스, 리마, 멕시코시티 등은 20세기 초 이미 대도시로 성립하였다.

이러한 변화에도 불구하고 다른 한편 오래 전부터 정치엘리트 층은 여전히 선거부정 등을 통해 권력을 독점해 왔다. "민중의 의사가 공정한 선거를 통해 표출되는 것은 드물었던"것이다. 특히 중소기업주나 전문직, 화이트칼라 노동자 등의 중간층은 과두지배자에 의한 정치적 독점에 불만이 높아갔다. 그러나 정치 엘리트들은 경찰을 이용하여 불온한 움직임을 단속하고, 권력유지에 급급하였다. 도시 사람들은 소외감을 많이 느끼는 가운데, 사람들에게 귀속감을 가져다주는 새로운 지도자를 받아들이는 토양이 자라나고 있었다.

로버츠가 설명한 것처럼, 중남미에서 포퓰리즘은 정치 경제상 중대한 변동기, 즉 결정적 국면(critical junctures)에서 발생한다. 사회·경제적 변혁이 진행되고, 개혁을 요구하는 정치적 사회적 압력이 강해지는 가운데, 기존의 정치구조가 변화에 대응하지 못하고 포퓰리즘 출현을 맞이하게 되었다.

최종적으로 포퓰리즘이 등장하고 과두지배층의 권력독점이 종지부를 찍은 직접적인 계기는 1930년대 대공황 결과 국제자유무역 체제가 와해되고 과두지배층의 권력의 원천인 농업광업 상품의 수출이 곤란하게 되었기 때문이다. 유럽과 미국 각국이 독자적으로 경제 블록을 형성함으로써, 중남미의 경제를 지탱해 온 1차 상품의 수출이 막혀, 종래의 수출 의존형 경제는 사실상 붕괴하였다. 이어지는 제2차 세계대전 발발로 유럽과 미국으로부터 공업제품의 수입도 곤란하게 되자 중남미 경제는 구조적으로 개혁에 직면하였다.

과두지배층이 동요하는 가운데, 아르헨티나의 페론, 브라질의 제뚤리우 발가스, 멕시코의 라사로 카르데나스, 페루의 후안 벨라스코 등 주로 중간층 출신의 지도자들이 민중을 대규모로 동원하고, 포퓰리즘의 담당자로 정치의 무대에 갑자기 등장하였다. 그들은 예전의 지배체제를 확실히 부정하면서 다양한 계층 간의 연합을 형성하고, 민족주의에 기초한 변혁을 호소하며, 공업화의 추진, 외자 제한과 국유화, 복지의 확대, 독자적인 문화정책 등을 추진하였다. 민중을 대표하고, 기존의 엘리트와 선두에서 투쟁하는 것을 스스로 인정하는 포퓰리스트 지도자들은 광범위한 지지를 받아 폭넓은 개혁을 시도하고, 20세기 중남미 정치의 '결정적 국면'을 담당하게 되었다.

다섯 가지 특징

다음으로 이 시기 출현한 중남미 포퓰리즘의 특징을 보자. 첫째로, 포퓰리즘은 교통수단, 의사소통 수단의 발달을 본격적으로 활용한 최초의 정치운동이었다. 전쟁기간(제1차 세계대전과 제2차 세계대전 사이)에 발달한 라디오는 포퓰리즘 지도자들에 의해 적극적으로 이용되고, 그들의 육성을 전국으로 도달하게 하는 역할을 하였다. 1950년대 이후 텔레비전이 이것에 추가되었다. 또한 포퓰리즘 지도자들은 제1차 세계대전 후 급속하게 발달한 비행기를 활용하고, 문자 그대로 전국을 날아다니며 유세하였다. 그리고 그때까지 중앙 정치가들과 연줄이 없는 지방 사람들과 직접 얼굴을 마주하면서 지지를 호소하였다. 선거에서는 미디어 전략에 오랫동안 일한 전문가가 캠페인을 책임지고 관리하였다. 전국 사람들을 향하여 후보자를 소개하는 등 대도시만이 아니라 내륙의 마을에도 폭넓게 갈 수 있게 되었다.

둘째로, 중남미 정치연구자 쓰네카와 게이이치(恒川惠一)가 지적하는 것처럼, 포퓰리즘은 다양한 지지층을 받아들이는 '계급 간 연합'의 양상을 보였다. 즉 공업부문, 중간층, 노동자나 농민 등으로 이루어진 국민 여러 계급이 연합을 형성하고 포퓰리즘을 지지하였다. 그리고 공공 서비스나 광공업 등을 좌지우지하는 외국 자본이나 과두지배층에 대항하였다. 이들 다양한 지지층의 요구에 응하는 형태로 포퓰리즘 정권은 노동자·중간층에게는 고용과 임금인상, 노동입법, 중소기업에는 보호와 보조금, 농민에게는 농지개혁, 소비자에게는 생활필수품이나 공공 서비스 요금에 보조금을 제공하였다.

셋째로, 수입품의 국산화를 시도하였다. '수입대체 공업화'와 보호주의를 경제정책의 주요 목표로 삼았다. 대공황과 제2차 세계대전의 발발은 농산품과 광산품의 수출과 공업제품의 수입에 의존하는 종래의 무역구조를 계속 유지하기 어려워졌다. 거기에 포퓰리즘 정권은 국내공업을 적극적으로 육성하여 수입대체

공업화를 진행하였다. 전후 공업제품의 수입이 재개되자 관세 인상이나 수입제한, 국내기업에 대한 융자, 국산화 의무의 도입, 외자활동 제한 등, 보호정책을 적극적으로 채택하고 국내 공업의 발전을 우선시하였다. 다만 국내에서 공업제품을 생산하고, 국내시장에 공급을 최우선하면서, 한편으로 품질이나 가격 면에서 국제경쟁력을 키우는 것은 중시하지 않았다.

넷째로, 내셔널리즘이다. 영국 등 외국자본에 지배된 공공 부문, 특히 전화나 철도 등이 국유화되었다. 또한 내셔널리즘은 문화정책에도 영향을 미쳤다. 과두 지배층이 유럽과 미국의 백인 문화와 연결을 강조한 데 대해, 포퓰리즘은 중남미 독자의 문화가치를 평가하고 원주민, 혼혈, 아프리카 등의 문화가치를 적극적으로 내세웠다.

다섯째로, '포섭성'이다. 포퓰리즘은 선거의 승리를 통해 과두 지배를 붕괴시키는 것을 중시하고, 그때까지 배제되어 온 민중의 정치참여를 진행하고 민중의 선거 참가를 촉진하였다. 그들은 공정한 선거의 실현을 요구하며, 비밀선거와 독립적인 선거관리위원회의 설치를 통해 부정을 배제하였다. 또한 선거권을 확대하고, 재산 자격의 철폐, 연령 인하 그리고 여성참정권의 도입 등을 실현하였다. 이렇게 하여 새로운 선거권을 얻은 많은 유권자들은 포퓰리즘 정권을 지지하고 정치기반의 강화에 공헌하였다.

그러면 앞서 설명한 포퓰리즘의 특징을 거의 모두 가지고 있으며, 지금도 아직 그 영향이 지속되고 있는 아르헨티나의 포퓰리즘에 대해서 상세히 검토해 보자.

'매우 풍요로운 국가' 아르헨티나

아르헨티나는 남미 두 번째로 큰 강인 라플라타 강을 가지고 있으며, 국토의 중앙부에 비옥한 대평원인 팜파스(pampas)가 더 넓게 펼쳐져 있는 등 농업과 목축업에 천혜의 조건을 갖추고 있는 국가이다. 1816년 독립한 아르헨티나는 19세기 중반 이후 자유무역체제 아래 유럽으로부터 자본이나 이민을 적극적으로 받아들여, 팜파스의 개발을 진행하여 농목지를 확대하고, 농목업의 발전을 시도하였다. 특히 유럽으로부터 냉동기술을 도입하여, 유럽과 미국으로 소고기 수출을 대폭 확대하였다. 소맥이나 옥수수, 아마 등의 생산량도 급증하였다. 이렇게 하여 아르헨티나는 20세기 초 손꼽히는 농업·목축산품의 수출국, 세계의 식량 창고로 중남미에서 아주 풍요로운 국가가 되었다.

그러나 팜파스 개발은 농목 소유자의 집중을 불러와, 대토지 소유를 한층 강화하는 결과를 가져왔다. 농촌 지역에서는 대토지 소유자와 영세농·임차지농·농업노동자 등 양극으로 분화가 진행되었다. 또한 영국이 팜파스의 철도개발을 진행하였기 때문에,

팜파스의 간선철도는 모두 영국 자본에 의한 소유·경영 아래 놓였다.

이와 같은 과두지배층에 대한 권력집중에 대해, 이의를 제기한 것은 급진 시민동맹이다. 그들은 도시 중간층의 성장을 배경으로 결성되고 아르헨티나 최초의 근대적인 정당을 만들어낸 조직이다. 급진시민동맹은 중간층이 확대하여도 변함없이, 구태의연한 정치 방식에 대한 불만을 수용하는 입장을 취하면서 지지를 확대해 나갔다. 그리고 보통선거가 처음으로 실시된 1916년 지도자 이폴리토 이리고엔(Ypolito Yrigoyen)을 대통령으로 당선시키는 데 성공하였다.

원래 19세기 말부터 20세기 초까지 아르헨티나에서는 이민의 유입과 급속한 도시화의 진행으로 사회가 크게 변모하였다. 1869년 180만 명에 불과하였던 인구는 1914년 780만 명으로 4배로 급증하였다. 특히 수도 부에노스아이레스의 인구 집중은 현저하였고, 남북아메리카 대서양 연안의 도시로 뉴욕 다음으로 많은 인구를 가지게 되었다. 중심거리에 상가나 부티크가 즐비하게 늘어서자, 어떤 프랑스인은 부에노스아이레스를 보고 "새로운 파리가 건설되었다"고 감탄하였다고 한다. 도시의 두드러진 발전을 배경으로 종래의 과두지배에 대한 불만 신청이 폭넓은 지지를 얻었다.

신정권은 종래의 과두지배층 쪽으로 정치를 수정하자, 1930

년에 접어들어 군부 쿠데타에 의해 무너졌다. 그리고 군정이 민정 이관된 이후 다시 과두지배층 쪽의 보수정권이 성립하였다. 1932년부터 43년까지 계속된 보수정권에 도시 지역, 특히 노동자층의 불만은 증대하였다. 그 불만의 확산을 배경으로, 보수정권의 외국기업을 위한 입장은 군부의 국수주의파의 반발을 불러왔고, 1943년 쿠데타로 군사정권이 성립하였다. 거기서 두각을 나타낸 것이 후안 도밍고 페론이다.

페론과 노동자의 연대

페론(Juan Domingo Perón, 대통령 재직 1946~55, 73~74)은 중산계급 출신의 직업군인이었다. 그는 이탈리아를 여행하면서 파시즘에 공감을 얻고, 아르헨티나의 어려운 농촌 지역을 방문하며 민중의 현상을 이해하는 가운데, '국민적 재생'을 향해 문제의식을 길렀다고 알려졌다. 또한 육군학교에서 군사사나 전략론의 교관도 지냈다. 다만 1943년 쿠데타에 관여하기까지 사회적으로 알려지지 않은 인물이었다.

1943년 성립한 군사정권은 비판적인 좌파세력과 노동조합을 계속 억압하면서, 제2차 세계대전 중 난국을 수습하고, 적극적으로 상공업에 개입하며 정부가 지원하여 공업화를 추진하는 정책을 전개하였다. 이 정권에서 페론은 국가노동국장에 임명

되었지만, 경제에 대한 개입을 중시하는 정권이었으며, 그도 그의 지위를 최대한 활용하고 노동관련 정책을 적극적으로 진행하였다.

그렇지만, 그때까지 페론은 노동문제에 대해 상세한 지식을 가지고 있지 않았다. 그리고 페론과 노동국에서 호세 피게롤라(Jose Figuerola)라는 우수한 통계관(統計官)과의 만남은 후에 전개되는 노동자 중시 정책에 많은 영향을 미쳤다. 또한 페론은 노동자 가계의 현상에 대해 풍부한 지식과 분석능력을 가진 피게롤라에게 매료되어, 두 사람은 만난 날 저녁 6시부터 다음날 새벽 2시까지 대화하였다. 페론은 노동자 생활이 곤란하다는 것을 느끼고 이후 정책에 반영시켜 나갔다. 그는 1943년 11월 국가노동국을 국가노동복지청으로 새롭게 조직을 변경시켜, 권한을 확대하는 데도 성공하였다.

특히 그가 중시한 것은 노동조합이고 노사관계에서 조합의 입장을 적극적으로 지원하였다. 임금지급이나 노동시간 등을 둘러싸고 조합측에 서서 고용주에게 노동법의 준수를 요구하고 그 실현을 촉구하였다. 그리고 정부의 지원을 배경으로 1944년 부에노스아이레스 지역을 중심으로 1,000건에 가까운 노사협정이 체결되었고, 비숙련 노동자의 임금은 다음해 12% 인상되었다. 남녀별 탈의실의 설치와 같은 요구도 실현되었다. 노동조합은 정부의 지원을 받고, 식품가공업을 비롯하여 새로운 조합의 설립을 하고, 기존의 조합도 그 활동 범위를 확대하였다. 그때까지 부에노스아이레스에 집중되어 있던 조합은 페론의 지원을 받고 전국적으로 확대되었다. 다만 다른 한편으로 페론은 공산당계의 조합 등 반정부적으로 보이는 조합은 가차 없이 탄압하였다.

페론의 노동자 중시 정책은 페드로 파블로 라미레스(Pedro Pablo Ramirez) 대통령의 신뢰 덕분에 실현되었다. 또한 대통령을 통해 페론은 남녀 동일임금의 확립, 휴식·일요일 휴일·유급 휴가의 설정 등 사회입법을 실행하였다.

이러한 개입의 결과 페론은 노동조합의 주요 부분과 새로운 관계를 맺고, 노동자층의 두터운 신뢰를 얻을 수 있었다. 당초 군정에 비판적이었던 많은 조합도, 점점 페론의 노동정책을 지지하고, 오히려 이것을 기회로 적극적으로 여러 요구의 실현에 집중하였다. 정치학자 마쓰시타 히로시(松下洋)가 지적하는 것처럼, 그때까지 정치적 중립을 지키며 정당과 거리를 둔 노동조합 가운데, "군정은 정당이 아니다"라고 주장하면서 페론 지지를 정당화하는 움직임도 나오기 시작한 것은 매우 흥미롭다. 어쨌든 간에 페론 아래서 그때까지 사회적·정치적으로 고립되어 온 노동자층이 공식적으로 인식되고, "처음으로 노동자가 노동 현장의 룰 설정에 발언권을 갖게" 되었다.

아르헨티나 역사 연구자 조엘 호로위츠(Joel Horowitz)는 "이렇게 1945년 어느 단계에, 페론과 많은 노동자 사이에 강력하면서 오래 계속되는 연대가 형성되었다"고 설명하고 있다. 페론은 노동자들과의 관계를 활용하고, 다른 지도자들에게 없는 강력한 정치적 자원을 획득하였다. 그는 특히 철도노동자의 조합에 적극적으로 개입하여 그들에게 병원을 지어 주는 등 우대하였으며, 조합원들을 향한 연설에서 그는 "국가노동복지청의 성공은…… 정말로 철도노동자 덕분이다"라고 말하였다. 이것에 대응하여 철도조합 출신의 노동운동지도자 도메네치(Domenech)는 페론을 "아르헨티나 제1의 노동자"라고 불러 칭찬하였다.

페론주의의 '창조 신화'

그러나 페론의 적극적인 노동정책과 정치스타일은 군부 내부에서도 비판을 받았다. 1945년 10월 9일 페론은 모든 직위를 박탈당하고 감금되었다.

이것에 빠르게 반응한 것은 노동자였다. 10월 16일 노동조합은 2일간의 파업(General strike: 제네스트) 강행을 결정하였다. 그리고 다음날인 10월 17일 부에노스아이레스 주변의 노동자들은 계속 시내 중심 지역으로 밀려들어, 대통령 관저 앞 광장에서 페론 복귀를 외쳤다. 그 숫자는 수십만 명이 넘었다고 한다. 혼란을 두려워한 정권은 페론을 석방하였다. 그날 밤늦게 페론은 모습을 드러내고 사람들의 환호의 목소리에 응답하였다. 그는 민중에게 감사의 뜻을 표시하면서 동시에 민중을 위하여 지금부터 계속 투쟁할 것이라고 선언하였다.

10월 17일 파업은 호로위츠가 말하는 것처럼 "노동자가 처음으로 아르헨티나의 역사를 바꾼" 사건이었고 페론주의의 '창조 신화'가 되었다. 다른 중남미 여러 국가의 포퓰리즘과 비교하면, 아르헨티나의 페로니즘을 지지하는 높은 노동자 비율이 가끔 지적되었지만, 그 기원은 페론주의의 '창조'의 방식에서 볼 수 있다.

군사정권은 민정이관을 결정하고, 다음해 1946년 2월 대통령 선거를 실시하였다. 페론은 1945년 11월 노동조합을 모체로 설립된 노동당의 후보로 대통령 출마를 결심하였다. 중산계급 계열의 유력후보와 치열한 선거전이 예상되었지만, 다음 해 12월 그는 신뢰를 얻고 있던 에델 미로 파렐 대통령으로부터, 연말에 1개월분의 임금에 해당하는 보너스를 고용주 부담으로 상공업 부문의 전 노동자들에게 지급하는 입법을 내고, 노동자층의 환심을 얻는 데 성공하였다.

페론은 2위 후보와 30만 표 차이로 대략 150만 표를 얻어 대통령에 당선되었다. 노동자층은 물론 일부의 중산계급이나 보수파, 가톨릭교회 등의 폭넓은 지지를 얻었던 것이 당선의 큰 요인이었다. 제2차 세계대전이 종결되고 해방감이 감도는 가운데,

페론의 당선은 아르헨티나 사회에 사기를 높였다.

개혁의 공과(功過)

대통령에 취임한 페론은 제2차 세계대전 후 호경기에 의해 지지를 받게 되고 적극적으로 개혁지향의 정책을 추진하였다.

먼저, 이미 페론의 특별한 기술이라고 불렸던 노동복지 정책이 전개되었다. 정부에 의해 임금인상이 장려되고, 1947년 시간당 실질임금은 25% 증가하였다. 또는 그의 집권 아래 노동자보호에 관한 사회입법이 차차 성립되고, 연금, 의료, 휴가시설 등 복지의 충실도 계획되었다. 또한 이들의 편익이 노조를 통하여 제공되면서, 노조의 지위 향상에도 공헌하였다. 최대 노조인 CGT는 1950년대 초 200만 명 정도의 조합원을 가지고 있었으며, 이것은 인구의 약 절반 정도에 해당하였다.

다음으로, 경제계획에 기초한 국가주도의 수입대체공업화 정책이 추진되었다. 페론은 국가노동국 이래 중용해 온 피게롤라에게 5년간 계획을 책정(策定)시켰지만, 이 계획은 중앙정부의 역할을 비약적으로 높여, 공업·농업분야에 머무르지 않고 폭넓은 개입을 가능하게 하였다. 페론은 과거 '자기중심적인 비인도적인 경제', 즉 농산물 수출에 편중하고, 외국자본의 지배를 허용하면서, 민중의 굶주림을 외면한 것과 결별하고, 국가가 앞장 서서 "1,400만 명의 아르헨티나 사람들에게 부를 나누어 갖도록 해야 한다"고 주장하였다. 농산물 수출을 관리 아래 두고, 그 수익을 이전하는 형태로 국내 공업의 육성에 자금을 투입하였다. 수입제한이나 관세인상도 실시하였다. 이러한 적극적인 정책을 통하여 국내 공업은 이 시기 크게 발전하였다.

국내공업 중시와 병행하여, 외국 자본의 배제나 국유화도 진행되었다. 페론은 외국 자본계 기업을 "매우 먼 외국에 있는 본사에 막대한 자본을 저축할 뿐"이라고 비난하고, 외국자본이 소유하고 있던 경제 인프라나 기간산업을 점차 국유화하였다. 그 대표적인 것은 영국 자본이 지배해 온 철도회사였으며, 팜파스와 부에노스아이레스 항을 연결하는 간선 모두가 국유화되었다. 미국 자본 아래의 전화회사도 국유화되었다. 전력, 석탄, 석유, 항공 부문도 국유화·공유화되었다. 다만 경제학자 이마이 게이코(今井圭子)가 지적하는 것처럼, 영국 자본에 의한 철도의 매수는 전후의 펀드 처리를 둘러싼 복잡한 교섭을 배경으로, 영국 측을 만족시키는 데 충분할 정도로 많은 금액이 지불되었고, 강권적인 접수가 진행되지 않았다.

그러나 국내공업의 우선정책이 진행되자, 다양한 부작용도 점점 표면화하였다. 외국 자본의 배제는 국외로부터의 투자 격감을 초래하였고, 국내에서 자본 부족을 초래하였다. 또한 그때까지 수출을 통해 경제를 지탱해 온 농업, 목축업을 압박함으로써 농목업 전체의 생산이 지체되고, 경제 전체의 발목을 잡는 결과가 되었다. 1952년 55%까지 떨어졌다. 나아가 국유화된 공공부문은 저렴한 공공서비스의 제공을 중시하였으므로, 경영의 효율성은 떨어졌고 국가나 주(州)의 재정적자를 확대하는 결과를 가져왔다. 안정된 경제성장을 저해하는 이러한 문제는 후에 페론 정권의 존립을 위협하는 것이 되었다.

아무튼 페론 정권 아래 개화한 포퓰리즘은 페론주의라 불리고, 중남미의 포퓰리즘의 전형적인 예가 되었다.

에비타와 에바 페론 재단

페론의 영광을 더욱 빛나게 한 것은 '에비타(Evita Peron)'의 이름으로 잘 알려진 부인 에바 페론(Eva Peron)이었다. 그녀가 사망한 지 반세기 이상이 지난 지금도 아직 국제적인 지명도를 가지고 있으며, 영화나 뮤지컬 등을 통하여 폭넓은 인기를 자랑하고 있다.

불우한 소녀시절을 지낸 그녀는 오랫동안 여배우로서 사교계에서 주목을 받았으며 페론과 결혼하였다. 페론이 대통령에 취임한 이후 공직에 취임하지 않고 대통령 부인으로 공적인 활동을 활발하게 전개하였다. 특히 그녀는 말솜씨가 좋아 사람들의 마음을 움직이는 데 성공하였다.

먼저, 그녀는 페론 여성당을 설립하고 여성들을 폭넓게 조직화하여 페론 대통령에 대한 지지를 호소하였다. 풀뿌리 민주주의 차원에서 형성된 여성조직(unidades básicas: 기초 단위의 의미)의 수는 1951년 3,600개에 이르렀다. 게다가 이 조직에서는 읽기·쓰기 교실이나 요리, 가사 강좌 등도 열고, 일반 여성에 대한 시민교육의 장이 되기도 하였다. 에바의 활동은 전후 처음으로 막 유권자가 된 여성들을 적극적으로 페론주의로 포섭하고, 그 참가를 촉구하는 역할을 하였다. 1951년 대통령 선거에서 재선된 페론의 득표율은 여성표가 남성표를 크게 웃돌았으며, 페론 여성당의 큰 역할이 확실히 알려졌다.

특히 알려진 것은 에바 페론 재단을 통한 활동이었다. 이 재단은 민간재단이면서 사회복지나 교육, 의료, 주택에 이르기까지 광범위한 활동을 전개하고, 그 규모는 정부기관을 능가하는 정도였다. 공적자금이나 기부에 의한 윤택한 자금을 얻은 재단은 고령자 시설, 고아원, 바캉스 시설, 공공주택 등의 공공시설을 운영하고 병원이나 전문 의료기관 만도 35개에 이르렀다고 한다. 에바 자신도 재단본부에 장시간 머물면서, 길게 늘어서지 않고 기다리는 사람들의 호소를 들으면서 자신의 돈과 의료품을 사람들에게 전달하였다. 재단에 의한 의류, 식료, 의약품 등의 배포는 수백만 개의 단위를 넘었다. 특히 어린이는 중시되고, 인형 등의 완구가 다수 준비되고 배포되었다. 종래의 엘리트 주도의 구호 단체가 에바 페론 재단의 활동 앞에서 그 존재감을 상실한 것은 말할 필요도 없다.

그러나 에바 자신은 자신의 뜻을 펼치는 도중 백혈병으로 쓰러져, 1952년 젊은 나이에 사망하였다. 대중적 인기를 얻고, 빈곤층의 강한 지지를 얻으면서 생전부터 이미 성녀로 추앙 받았던 에바는 아르헨티나의 정치에서 그 이후에도 거듭 기억되고 페론주의의 상징으로 계속 빛나게 되었다.

소비사회의 창출

그런데, 지금까지 중남미의 포퓰리즘을 이해할 때 '계급 간 연합'이나 '수입대체공업화', '대중의 정치참여'와 같은 특징을 열거하였지만, 아르헨티나의 페론주의를 다루면서 '대중 소비사회의 창출·확대'에 착안하여 흥미로운 분석과 연구를 실시한 것은 미국의 역사학자 에두아르도 엘레나(Eduardo Elena)이다.

그는 페론 정권 아래서 정치 이데올로기나 정책, 사회변화를 상세히 검토하면서, 아르헨티나 사회가 대중적인 기반을 가진 소비사회로 발전하기 시작하였다고 설명한다.

실제로 일반 노동자 가정에서도 소득인상을 배경으로 식료품이나 의류, 가구, 서적, 완구 등의 일용품 소비가 크게 증가하였다. 고급스러운 소고기조차 조금 노력하면 먹을 수 있었으며, 레스토랑이나 카페에서의 외식도 신기한 것은 아니었다. 극장이나 영화관, 댄스 홀, 스포츠 이벤트 등은 서민에게 가까운 존재였다. 전기청소기나 오븐 등 내구소비재가 보급되고, 냉장고는 페론 정권발족 후 3년 동안 매출이 배 이상 증가하였다. 라디오에 이르기까지 같은 시기에 매출이 6배로 증가하고, 거의 모든 가정에 라디오가 보급되었다.

물론 소득의 증가가 소비의 확대나 다양화를 낳는 것은 일반적인 현상이며, 포퓰리즘에게 특별한 것은 아니라고 할 수 있다. 그러나 여기서 특히 흥미로운 것은 페론주의 아래서 정부가 상품경제에 개입함으로써, 임금인상에 의한 구매력의 향상에 머무르지 않고, 대중소비로 길을 적극적으로 열었다는 것이다. 구체적으로 국유화된 공익기업의 공공요금을 낮게 억제하면서, 소비협동조합이나 노동조합 등이 운영하는 주상복합상가(Department Store)의 설치를 국가가 지원하고 노동자 대중에게 값싼 생활용품을 제공하는 경로가 만들어진 것에 주목할 필요가 있다.

이런 소비확대의 움직임의 배경에 있었던 것은 페론이 내건 '존엄 있는 생활(Vida vidna)'이라는 이념이었다. 페론은 "우리들이 바라는 것은 사람들이 충분히 일하고, 먹을 수 있고, 옷을 입을 수 있는 존엄 있는 생활을 하는 것"이라고 말하였다. "특권적인 소수의 사람들이 사치품과 자동차를 계속 사는" 시대는 이미 끝났다. "수익만이 아니라 주민 모두의 필요성을 만족시키는 것이 국가경제의 목적이라는 것을 우리들은 확신하고 있다"고 거듭 주장하였다.

여기서 한 가지 중요한 역할을 한 것은 에바 페론 재단이다. 1950년대 접어들어 이 재단은 자비로 체인점을 개설하고 값싼 식료품이나 일용잡화를 소비자에게 제공하였다. 1954년까지 부에노스아이레스를 중심으로 점포수는 208개에 이르렀다고 한다. 이들 슈퍼마켓은 현대식 외장, 가격 표시, 고객 위주의 서비스를 특징으로 하고 근대적인 소비 공간을 도시에 만들어내는 거점으로서 "소비사회에 사람들이 포섭되어 가는 경로를 제공하였다." 거기에는 교육을 받은 점원들이 소비자에게 값싸고 효율적인 물건 구입 방법에 대한 길잡이가 되고, 영양의 균형에 대해서도 가르쳤다. 대중교육의 역할도 기대되었다.

그럼에도 불구하고 이렇게 창출된 '소비자'는 단지 값싼 가격에 필요한 생활용품이나 식료품을 사는 수동적인 존재는 아니었다. 오히려 소비자는 동시에 '존엄 있는 생활'을 지키기 위하여 일어나야만 하는 정치적 존재로서 기대되었다.

페론 집권 기간 소득의 대폭적인 상승으로 구매력이 높아가는 한편 식료품이나 일용품의 공급은 그것에 따라가지 못하고, 물건의 부족, 가격 상승이 자주 발생하였다. 그러나 정부는 이것을 부도덕한 상품이나 중간사업자들의 착취에 입각한 것이라 규정하고, 이들 '내부의 적'과의 싸움을 소비자 대중에게 호소하였다. 근로대중에게 기생하여 이익을 올리는 경제 엘리트들이 야말로 식료품이나 연료 부족, 상점에서 긴 줄을 서는 등과 같은 여러 악의 근원이라고 여겨졌다.

에바 페론도 가계를 담당하는 주부층을 비롯하여 여성들에게 호소하며 가격통제 위반을 통보하고, 악덕 가게에서 물건을 구입하는 것은 피하라고 호소하였다. 가격통제에 따르지 않는 가게의 이름은 친 정부계 신문에 공개되고, 악질이라고 여겨진 가게 주인은 단속관에 끌려 나가고, 사람들의 구경거리가 되었다. 이미 민중은 가게주인에게 예예하며 고분고분 따르는 존재가 아니라 '공정'한 거래를 요구하며 당당히 가게 주인에게 요구하는 존재가 되었다. 엘레나는 이러한 광경을 페론주의 아래서 연출된 '도덕극(morality play)'이라고 자리매김하고, 도로를 걷는 보통사람들이 극 가운데 연기자와 관객으로 만들어내는 데 한몫했다고 평가하였다.

소비사회의 도래는 독자의 행동 양식이나 의식을 가진 '소비자'를 탄생하게 하고, 아르헨티나에서 페론주의를 지지하는 정치적 주체를 만들어냈다.

페론의 퇴장

그러나 페론의 영광은 오래 지속되지 못하였다. 최대의 문제

86

는 역시 경제였다. 농목업 생산의 격감과 경제성장의 하락을 배경으로, 당초 페론 지지로 일치하였던 국내공업 부분과 노동조합 사이의 균열이 생기고, 양자의 대립이 나타나게 되었다. 또한 페론의 좋은 이해자이며 조언자였던 에바 페론의 사후, 페론은 독선적인 방법이 눈에 띄게 되었고, 반대파를 강권적으로 억압하여 강한 반발을 초래하였다. 에바의 성인화(聖人化) 문제 등을 둘러싸고 바티칸과도 대립하여 지지기반은 한층 쇠퇴하기에 이르렀다.

중남미 포퓰리즘의 정치동원에 대하여 검토한 로버트 S. 얀센(Robert S. Jansen)은, 1949년을 분기점으로 아르헨티나의 포퓰리즘은 적극적인 동원의 시기가 종식되고, 권위주의적 통치로 기울게 되었다고 설명하고 있다. 정치적인 긴장이 높아가면서 1955년 군의 일부가 쿠데타를 일으키고, 페론을 망명으로 몰아갔다. 화려하게 등장한 포퓰리즘 정권의 싱거운 퇴장이었다.

그렇다고 하더라도 페론이 퇴장한 이후 페론주의 자체가 소멸하였다는 것은 아니다. 내부 분열하면서도, 페론주의를 신봉하는 사람들은 모두 합하여 국민의 약 3분의 1에 이른다고 말하고, 이들 페론파는 군사정권과 대립하였다. 대항하는 군부는 민정 이관 후에도 가끔 쿠데타를 반복하고, 페론파를 비롯하여 반대파를 강제로 억압하려고 하였다. 특히 1980년 전후 군정에 의한 탄압은 가혹하였으며, 중대한 인권탄압으로 국제적으로도 알려지게 되었다.

1980년대 아르헨티나가 민주주의를 최종적으로 회복한 이후도 페론파는 최대 규모의 정치세력으로 대통령을 당선시키는 등 그 영향력은 지금도 아직 크다. 다만 페론주의의 신봉자가 다수 있는 한편 비판적인 세력도 뿌리 깊게 존재한다. 페론주의에 대한 찬반을 둘러싸고 아르헨티나의 정치사회에서 균열은 지금도 아직 뿌리 깊다.

중남미에 남은 토양

중남미 사회는 20세기를 통해 크게 변화하였다고 하지만, 포퓰리즘을 낳은 배경이 되었다. 이 지역에서 구조적인 불평등은 현재도 계속되고 있다.

확실히 1인당 국민소득에서 보면 중남미 여러 국가는 이미 저개발국이라고 말할 수 없으며 중진국에 위치한다. 그러나 소득 분배의 방법으로 눈을 돌리면 중남미 주요 13개국 가운데 8개국은 지니계수(소득의 불평등을 나타내는 계수. 그 수치가 높을수록 격차가 심함)가 50을 넘고 있으며, 30~40%는 전후를 표준으로 동아시아와 비교하더라도 불평등의 정도는 현저히 높았다. 압도적인 빈부의 격차는 지금도 아직 중남미의 경제나 사회를 특징짓고 있다. '존엄 있는 생활'의 실현에 이르기는 아직 멀다고 말하지 않을 수 없다.

그럼에도 불구하고 최근의 중남미 경제사회에서 특징적인 것은 고용노동을 중심으로 한 종래의 정형적인 경제구조로 잘 해결되지 못한다는 것이다. 말하자면 비공식 영역의 확대이다. 나카가와 후미오(中川文雄)에 의하면 도시의 비공식적인 섹터는 점포를 갖지 못하면서 물건을 팔고, 구두닦이, 물건 운반의 도우미 등 다종다양한 직종을 가리킨다. '노동자 계급'의 훨씬 아래에 이러한 비공식적인 영역을 비롯하여 정기적인 수입이 보장되어 있지 않은 사람들이 최하층 계급, 즉 '언더 클래스'로서 존재하고, 그들이 실제로 주민의 40% 정도 차지하였다.

크리스토발 로비라 칼트와서(Cristóbal Rovira Kaltwasser)가 설명하는 것처럼 이들 비공식적인 영역에 속하는 다양한 사람들은 종래형의 정당이나 사회단체에서 대표로 되기 어렵기 때문에, 대중에 대한 직접적인 호소를 통하여 지지를 획득하려고 시도하므로 포퓰리즘을 낳기 쉽다는 것이다. 그들에게는 고용노동자로 이루어진 노동조합도 일종의 특권적 존재이며, 대표 권능을 위탁하는 것은 아니다. 중남미에서 불평등, 다양성과 포퓰리즘의 관계를 검토한 필립 옥스혼(Philip Oxhorn)은 이와 같이 다양하고 정리하기 어려운 민중에 대해, 포퓰리즘은 '가교적인 정체성'을 부여하는 존재로 모습을 드러냈다. 그리고 국민을 하나로 묶어내고, 그 "진정한 이익을 대표한다"고 주장하고 지지를 획득하는 것이라고 설명한다.

현대 중남미 정치에서 기성정당을 중간층이 지지하는 한편, 정치적 아웃사이더를 빈곤층이 지지하는 구도가 형성되었다. 그리고 프란시스코 파니차(Francisco Panizza)가 지적하는 것처럼 빈곤층의 기대에 부응하는 사회개혁을 제시하고, 그 '승인의 욕구'에 응하는 지도자가 '국민을 대표하는' 지도자로 그들에게 인식되었다. 21세기 접어들어 포퓰리즘이 다시 관심을 받고 중남미 각국에서 다시 포퓰리즘적인 지도자들이 나타났을 때, 격차로 어려움을 겪는 많은 빈곤층이 역시 그들을 지지하고 갈채를 보냈다(제7장). 중남미에서는 지금도 아직 포퓰리즘을 만들어내는 토양이 확실히 존재한다.

억압의 논리:

유럽 극우정당의

변모

왜 선진국에서 확산되고 있는가?

포퓰리즘은 미국에서 그 이름을 붙이는 정당이 생겨나고, 중남미에서 20세기 중엽 요원의 불길과 같이 확대하였다. 그러나 1970년대 이후 중남미에서 포퓰리즘은 군사정권의 성립으로 탄압을 받는 등 기운이 점차 약해졌다. 그러나 그것과 반비례하듯이 대서양의 건너편에서 약간 다른 주장과 스타일을 특징으로하는 포퓰리즘이 점점 세력을 확장하고, 21세기 접어들어 각국에서 점점 발전하였다. 그 무대가 된 것은 민주주의의 선진 지역인 유럽이다.

다만, 지금 포퓰리즘의 본고장은 유럽이라고 여겨지지만, 실은 그렇게 보이게 된 것은 비교적 최근의 일이다. 예를 들면 1967년 포퓰리즘을 주제로 대규모 국제학술회의—여기서 이사야 벌린(Isaiah Berlin)과 알랭 투렌(Alain Touraine: 사회학자) 등 쟁쟁한 사람들이 모였다—에서 포퓰리즘을 예로 들었던 것은 중남미와 미국 이외에 러시아나 아시아, 아프리카 등 유럽 이외의 여러 지역이었으며, 유럽 내부의 예는 거의 언급되지 않았다. 오히려 이 회의에서 해당 사회의 '후진성'만이 포퓰리즘의 온상이 된다는 견해도 제시되었다.

그러나 그러면 왜 21세기를 맞이하여, 정치적·경제적으로 민주주의가 뿌리 깊게 내려 성숙기를 맞이할 유럽에서 포퓰리즘이 폭넓은 지지를 얻고 있는가?

이 장에서 이러한 물음에 답하여야 하므로, 먼저 현대 유럽에서 포퓰리즘 정당의 발전을 가져온 정치사회적 맥락을 해명한다. 그러한 위에 포퓰리즘 정당의 특징을 명확히 설명한다. 그리고 구체적인 예로 유럽에서 '선발 그룹'인 프랑스, 오스트리아, 벨기에의 포퓰리즘 정당을 예로 들면서 설명할 것이다. 현대의 포퓰리즘은 정말로 '민주주의 뒤의 그림자처럼 따라오는 존재'라는 것이 명확해질 것이다.

기성정당의 '야합' 비판

현대 유럽의 민주주의가 1990년대 이후 왜 포퓰리즘의 약진 무대가 되었는가? 다음과 같은 3가지의 이유를 열거하고 싶다.

첫째로, 글로벌화와 유럽 통합의 진전, 냉전의 종식과 같은 거시적인 변화 가운데, 그때까지 각국에서 좌·우를 대표해 온 기성정당의 구심력이 약해지면서 정당 간의 정책 거리가 좁아졌기 때문이다.

냉전 종식은 그때까지 사회주의를 이데올로기의 핵심으로 생각해온 좌파정당에 타격을 가하고, 그 정체성의 위기를 초래하였다고 가끔 지적되었다. 그러나 그러한 요인이 좌파의 쇠퇴와 보수파의 승리를 가져왔다는 단순한 의미는 아니었다. 실은 냉전 종식에 의해 그때까지 '반공의 마지막 보루'로 다양한 보수세력을 규합해 온 보수정당도 또한 그 존립의 근거가 의심받는 형편이 되었다. 예를 들면, 이탈리아에서는 공산당에 정권을 건네지 않는다는 구실로 정권을 유지해 온 기독교민주당에서 정치부패가 '묵인'되어 왔지만, 냉전 후 그 '묵인'은 마지막을 알리고, 부정부패가 드러나면서 당의 해체라는 쓰라린 체험을 하였다. 좌우 두 정당 어느 쪽에도 1990년대 이후는 고난의 시대이기도 하였다.

　또한 유럽에서 글로벌화와 유럽 통합의 진전 상황 아래서, 1990년대 이후 각국에서 주요 정당간의 정책 거리가 점점 좁혀졌다. 고가(古賀光生)가 지적하는 것처럼, EU 통합의 진전에 따라 규제완화의 추진, 세출의 억제, 복지지출의 삭감 등 여러 개혁에 대해 거의 모든 기성정당이 받아들이는 정책을 선택했다. 좌파정당, 특히 사회민주주의 정당은 '현실노선화'를 진행하고, 특히 정권참가를 이루어낸 뒤 가끔 보수정권과 변함없는 긴축노선을 추진하였다.

　또한 보수정당도 중도로 이동하였다. 예를 들면 독일 기독교

민주동맹·사회동맹(CDU/CSU)은 사회민주당(SPD)과 연립정권 아래서 징병제 폐지, 탈원전, 가족정책의 전환 등 일종의 '사회민주주의적' 정책(노다 마사오野田昌吾)을 실시하였다.

그 결과 좌·우 주요 정당의 차이는 유권자가 보기 어렵게 되고 기성정치에 대한 불만을 표명할 기회가 줄어들었다. 특히 좌·우 주요 정당이 연립을 이룬 대연립 정권이 성립한 경우 그 영향은 컸다. 예를 들면 네덜란드에서는 1994년 그때까지 대립관계에 있던 좌·우의 유력 정당(자유민주국민당과 노동당)이 대연립 정권을 성립시켰다. 그러나 이 대연립에는 유권자의 선택지를 빼앗았다고 여겨져, 기성정당에 대한 불신이 높아갔다.

이와 같은 좌우정당의 접근, 기성정당의 '동질화' 현상을 배경으로 포퓰리즘 정당은 약진하였다. 그리고 포퓰리즘 정당은 기성정당을 '한통속'이라고 보고, 기성정당을 비판하면서, 유권자의 불만을 혼자 떠맡아, 정치적으로 표현하는 다시없는 기회를 제공하였다.

예를 들면, 독일은 유로가 위기를 맞이하고, 독일과 같이 잘사는 국가가 그리스 등에게 일방적으로 지원하는 금융 시스템을 EU가 도입하는 것에 대해, 기성정당은 '다른 선택지는 없다'고 한목소리를 내며 그것을 추진하였다. 그러나 그것에 대해 '선택지는 있다'는 주장을 전면적으로 전개하고, 지지를 모은 것이 '독일을 위한 선택지'였다. 집권 정당인 기독교민주동맹·사회동맹(CDU/CSU)과 자유민주당(FDP)은 물론 야당인 사회민주당이나 녹색당도 목소리를 같이 내면서 EU에 찬성하는 정책에, 포퓰리즘 정당이 정면으로 이의를 제기하였다. 다른 유럽의 여러 국가에서도 똑같이 포퓰리즘 정당은 기성정당의 '상식'에 도전하면서 지지를 늘려 나갔다.

글로벌화와 EU 통합의 진전이라는 '현실'을 좌우의 기성정당이 손잡고 받아들이는 가운데, 포퓰리즘 정당은 혼자 그것을 '야합'이라고 과감히 추궁하면서 유권자의 불만을 들어주는 데 성공하였다.

'조직의 시대'의 종언과 무당파층의 증대

둘째로, 정당을 포함한 기성 조직·단체의 약체화와 '무당파층'이 증가하였다.

20세기는 '조직의 시대'였다. 예전 노동자는 노동조합에 속해 노동자의 지위향상을 위하여 운동하고, 그리고 선거에서 조합이 지지하는 사회민주주의 정당에게 투표하는 것이 당연한 것이었다. 또한 농민은 농민단체에, 기업경영자는 중소기업단체에 의사 등 전문직은 전문직 단체에 각각 속하여 지위향상을 꾀하면서, 그리고 선거에서 가맹단체가 지지하는 보수·중도계 정당들에게 투표하였다. 사람들은 직업단체나 노동자 단체와 같은 어떤 집단에게 소속되고, 그 집단을 통해 보호를 받고, 계열의 정당을 통해 이익을 지켜 왔다. 또한 정당측도 이들 지지단체로부터 당원을 다수 충원하여 '대조직 정당'을 만들어 지지기반을 안정시켰다.

그러나 최근 노동조합, 농민단체 등의 조직은 현저하게 약체화되었다. 조직을 시작으로 20세기형의 조직은 대부분이 가입률이 감소하고 활동이 정체되는 등 여러 가지 문제에 직면하고 있다. 생활 형태의 변용, 산업구조의 고도화와 복잡화에 따라, '노동자' 의식의 다양화가 진행되고, 종래 공업노동자의 이익을 일률적으로 지키는 것을 목적으로 한 노동조합의 필요성이 줄어들고 있다. 또한 유럽에서 세속화가 진행되면서 종교계의 조직력도 현저하게 저하되고 있다.

이렇게 사회집단의 '통합력과 응집력'이 약화되는 가운데, 그때까지 지지단체에 의해 지지되어 온 정당도 심각한 영향을 받지 않을 수 없다. 20세기 말 이후 기성정당은 모두 당원수의 감소, 지지자의 축소, 당 활동의 약체화의 파도에 직면하면서 선거에서도 후퇴하였다. 예를 들면 1950년대 초, 영국의 양대 정당(보수당과 노동당)의 총 득표율은 90%를 넘었는데, 2015년 총선거에서 60%대로 떨어졌다. 그리고 독일에서 2대 정당(기독교민주동맹·사회동맹과 사회민주당)의 총 득표율은 1950년대 80%를 넘었지만, 2013년 선거에서 60%대로 하락하였다. 기존의 단체

나 정당과 관계를 갖지 않으면서, 특정 정당을 지지하지 않는 무
당파층은 도시를 중심으로 계속 증가하고 있다.

엘리트와 대중의 단절

이와 같이 기성정당·단체가 약체화되고 사회에 대한 '이해력'
이 크게 저하한 것은 정당 엘리트나 단체 지도자가 이미 사람들
의 '대표자'로 인식되지 않고, 오히려 다른 특정 이익을 대변하
는 기득권의 옹호자로 인식되는 결과를 가져왔다. 정치 경제 엘
리트는 '우리들의 대표'가 아니라 '그들의 이익의 대변자'로 자
리매김되어 버렸다.

엘리트에 대한 우리들의 위화감이 확대됨에 따라 엘리트와
대중이 단절되어 포퓰리즘 정당의 출현과 발전이 가능하게 하
였다. 포퓰리즘 정당은 기성정치를 기득권투성이가 된 일부 사
람들의 점유물로 묘사하고, 이것에 '특권'과 연줄이 없는 시민을
대치시키고 그 목소리를 대표하는 존재로 스스로를 제시하기
때문이다.

특히 그때까지 이익 유도정치가 지배적이었던 국가의 경우
포퓰리즘에 의한 기성정치 비판이 효과적이었다. 이탈리아와
오스트리아, 벨기에에서는 예전의 공공사업이나 공무원 자리의
배분을 이용한 유력 정당에 의한 이익 유도가 폭넓게 보였지만,

이들 국가들의 포퓰리즘 정당은 기성정당의 부패를 날카롭게 비판하였다. 그럼에도 신흥세력인 포퓰리즘 정당은 기성정당과 달리 이익유도 정치와 관련이 없으며, 부정사건에 연루된 적도 거의 없기 때문에, 스스로 '깨끗한 손'이라고 주장할 수 있으며, 무당파층의 열렬한 지지를 받을 수 있었다.

예를 들면, 오스트리아에서 국민당과 사민당이라는 2대 정당이 오랫동안 국정을 지배하고, 회의소, 공공방송국 등 공공 단체의 간부 자리도 양당에서 나누어 가졌다. 그러나 1980년대가 되면, 양당은 점점 결속력이 약화되고, 득표율의 저하, 조직의 약체화가 진행되었다. 점점 상황이 나빠진 것은 외르크 하이더가 이끈 자유당이며, 그는 2대 정당에서 지켜진 기득권익 보유자를 비판하면서 동시에, '그것으로부터 뛰쳐나온 사람들'을 지키는 정치적 입장을 주장함으로써 무당파층의 지지를 이끌어내는 데 성공하였다. 기득권으로부터 자유로운 '아웃사이더 정당'은 오히려 좋은 점이 되고, 유권자에게 호소하는 재료가 되었다.

지금 '정당이나 단체로부터 지지받아' 선거에 승리하는 것이 아니라 '기성정당이나 단체를 비판함으로써', 정당이나 단체에 속하지 않는 무당파층의 폭넓은 지지를 받는 선거 전략이 충분히 기능하는 시대가 되었다.

글로벌화와 '근대화의 패자'

셋째로, 글로벌화로 사회경제적 변화 속에서 특히 격차가 확대되었다.

20세기 말 이후 진행된 산업구조의 전환과 경제의 글로벌화는 한편으로 다국적 기업이나 IT 기업, 금융서비스업 등의 발전을 촉진하면서, 글로벌 도시에 대기업이나 고소득자가 집중하는 결과를 초래하였다. 다른 한편으로 경제의 서비스와 소프트화는 규제완화 정책과 어울려 '유연한 노동력'으로 파트타임 노동이나 파견노동 등의 불안정 고용을 증대시켰으며, 저성장 시대에 장기 실업자의 발생과 동시에 '새로운 하층계급'(노다 마사오)을 만들어냈다.

이렇게 '승자'와 '패자'의 양극화가 두드러지는 가운데, 후자의 사람들, 즉 '근대화의 패자'들은 글로벌화와 유럽 통합을 일방적으로 받아들이는 정치 엘리트들을 점점 불신하고 있다. 포퓰리즘 정당의 지지층에는 저소득층이나 저학력층의 비율이 높다고 알려졌지만, 포퓰리즘 정당은 생활이나 고용이 위협받고 있는 '패자'를 대표하는 존재로, 엘리트가 진행하는 글로벌화와 유럽 통합에 반대하고 지지를 모으는 데 성공하였다.

이와 같이 유럽에서 글로벌화나 탈공업사회와 같은 사회경제적 변용을 배경으로, 1990년대 이후 민주주의가 성숙기를 맞이한 유럽은 역설적으로 기존의 민주주의에 대한 불만이 높아져 갔다. 그리고 특히 '대표자' 같은 정치 엘리트에 대해 불신이 높아지면서, 포퓰리즘 정당은 지지를 받았다.

매스컴의 활용

그러면 다음으로 현대 유럽에서 발전하고 있는 포퓰리즘의 특징은 무엇일까?

첫째로, 포퓰리즘은 매스미디어를 사용하고 무당파층에 넓게 호소하는 정치수법을 선택한다. 20세기 유럽에서 정당의 선거 활동은 지지자를 향한 집회나 대화가 주류였으며, 무당파층에 폭넓게 호소하는 방법은 반드시 일반적이지 않았다. 그러나 포퓰리즘 정당은 당 조직이 약한 반면, 정당이나 단체에 속하지 않고, 기성정치에 위화감을 가진 사람들을 폭넓게 대상으로 한다. 그리고 TV를 비롯하여 미디어를 통해 보여 주는 것을 중시한다. 말 주변이 좋은 지도자들은 기성정당에 대해 가차 없이 비판하고, 금기를 깨는 발언을 한다. 그리고 그들은 미디어에서 유행하는 화제를 스스로 제공함으로써 미디어의 주목을 받았다. 최근에는 인터넷을 통한 선전도 일반적이며, 지도자의 주장이 매일 확산되면서, 수십만에서 수백만의 사람이 포퓰리스트 지도자의 모든 행동을 알게 되었다.

그 중에서도 눈에 띄는 정당은 헤이르트 빌더르스가 이끄는 네덜란드 자유당이다. 제4장에서 상세하게 설명하는 것처럼, 이 당은 공식적으로 당 조직을 가지고 있지 않는 당대표만의 '1인 정당'이었으며, 당의 선전은 미디어에 드러나고 인터넷에 거의 전면적으로 의존하였다(당을 지지하는 자원봉사자나 협력자는 있음). 그러나 그와 같은 '버추얼 정당(virtual party)'인 자유당이 여론 조사에서 가끔 1위를 차지했다. '조직의 시대'였던 20세기 유럽은 결정적으로 지나가 버리고, 지금은 '미디어와 인터넷 시대'가 온 것 같다.

직접 민주주의의 활용

둘째로, 포퓰리즘은 직접 민주주의를 주장한다. 이 장에서 제시하는 것처럼, 유럽의 포퓰리즘 정당 중에서 오래된 국민전선(프랑스), 자유당(오스트리아), VB(벨기에)는 모두 극우에 기원을 가지고 있으며, 그러한 의미에서 당초 반민주적, 반체제적 경향을 가지고, 반 유대주의적인 주장도 눈에 띄었다. 그러나 어느 것이나 1980년대 이후 '전향'하고, 민주적 원리를 기본적으로 수용함과 동시에, 기성정당에 대한 비판의 입장으로부터, 오히려 국민투표나 주민투표와 같은 '직접 민주주의'를 주장하는 방향을 강화했다. 기존의 정당이나 직업단체에서 대표되지 않는다고 느끼는 시민층의 불만을 한가지 방법으로 구해내는 것으로, 자기 당만이 민주주의의 '진정한 담당자'라고 자리매김하고 있다.

이런 '민주적' 경향은 극우와 관계없는 새로운 포퓰리즘 정당에서 한층 더 현저하다. 그들은 국민투표나 주민투표를 활용하는 형태로, 적극적으로 '국민의 목소리'를 실현하려고 노력하고 있다.

그 전형적인 예로 스위스의 국민당이 국민투표를 다양하게 사용하여 이민의 배제를 진행해 왔다는 것이다(제5장). 그리고 국제적으로 아주 주목을 받은 예는 세계를 뒤흔든 2016년 영국의 EU 탈퇴를 둘러싼 국민투표일 것이다. 현대의 포퓰리즘 정당은 '민주주의'를 방패 삼아 자신의 정책을 강하게 주장함으로써 엘리트 비판과 이민배제를 추진하려 하고 있다.

복지배외주의

셋째로, 포퓰리즘 정당은 정책 면에서 '복지배외주의'를 주장한다. 복지배외주의란 비교정치학자 헤르베르트 키첼트(Herbert Kitschelt)가 제시하였고, 현재 폭넓게 받아들여진 개념이지만, 복지·사회보장의 충실은 계속 지지하면서, 이민을 복지의 남용자로 자리매김하고, 복지의 대상을 자국민에게 한정하면서, 복지국가에 부담이 되는 이민의 배제를 주장한다.

1990년대 이후 많은 포퓰리즘 정당은 복지와 이민배척을 연계시키는 복지배외주의를 '새로운 동원의 쟁점'(고가 미쓰오古賀光生)으로 내놓고, 적극적으로 활용하였다. 즉 불안정한 고용이나 생활이 불안한 층에, 연금이나 급여(給付) 유지를 계속 주장하면서, 이민이나 난민, 외국인은 복지국가에 부담이 되는 존재로 그려냈다. 게다가 그때 '금기'시하면서 이민의 비판을 피하는 기성정당과는 달리, '금기'를 깨는 용기 있는 행동으로 이민비판을 주장함으로써, 기성정당의 '미온적인' 자세에 불만을 가진 사람들의 지지를 모으는 데 성공하였다.

극우 기원 정당의 변용

이와 같은 성립 배경과 특징을 따르면서, 유럽 포퓰리즘에 대한 구체적 사례를 다루고 싶다.

이 장에서 대상으로 하는 것은 프랑스, 오스트리아, 벨기에의 포퓰리즘 정당이다. 3국의 정당은 설립 후 역사가 오래된 '전통 있는' 정당이고, 극우계의 권위적인 정치운동에 기원을 서로 가지고 있다. 게다가 3당 모두 반체제적 색채를 점점 약화시키면서, 오히려 민주주의를 수용하고 새로운 쟁점을 받아들였다. 또한 지지의 폭을 실현한 것 또한 공통점이다. 그 때문에 이러한 3

당의 발자취를 따라가면, 유럽의 포퓰리즘 정당의 전체적인 흐름을 이해할 수 있다. 게다가 그 과정에서 포퓰리즘의 '억압'의 측면을 짙게 가지고 있는 이들 정당이, 어떻게 그 '억압'의 계기를 민주주의와 모순 없이 자리매김하였는가가 분명해질 것이다.

프랑스의 국민전선

먼저 프랑스이다. 프랑스 국민전선(FN)은 유럽에서 아주 성공을 거둔 포퓰리즘 정당의 하나로 인식되고, 현재의 당대표 마린 르펜(Marine Le Pen)은 포퓰리즘 정치가의 대표격으로 주목되고 있다.

1972년 창설된 국민전선은 포퓰리즘 정당 가운데 아주 오래되었다. '신질서(Ordre Nouveau)'라는 극우단체가 중심이 되었고, 1973년 국민의회 선거에 참가를 염두에 두고, 다양한 우익계의 운동을 규합하는 형태로 설립한 것이 국민전선이다. 그 때문에 창당 때 국민전선에는 전 대독일 협력자, 식민지주의자, 왕당파, 반공산주의자 등 다양한 우파의 흐름이 혼재하였다.

초대 당대표로 선출된 사람은 마린 르펜의 아버지 장 마리 르펜(Jean-Marie Le Pen)이다. 브르타뉴 지방의 어부의 아들로 태어난 그는 파리 대학에 진학하여 극우 학생운동가로 두각을 나타내고, 푸자드 운동(Poujadisme: 1953년 프랑스의 서적문구상 P. 푸자드가 중소 상공업자의 정치적 불만을 배경으로 일으켰던 반의회주의적 극우운동)에 참가하여 국회의원에 당선한 경험도 있었고, 선거에 즈음하여 우익세력을 정리하는 역할로 적임자라 생각되었다.

다만 당초 국민전선에는 네오 나치와 네오 파시즘계의 흐름을 이끄는 운동가도 많았고, 반체제적 색채가 강했다. 설립 모체인 '신질서'는 폭력사건을 일으켜 1973년 내무장관에 의해 해산명령이 내려졌다. 또한 극우의 논객이며 1974년 입당한 프랑수아 뒤프라(François Duprat)는 국민전선의 이데올로기로서 반의회주의와 반민주주의를 주장했다. 그러나 우익세력을 결집하여 선거에 참가하여도 공화제 원칙에 반대하는 한, 폭넓은 지지를 얻기 어려웠다. 선거에서 계속 크게 패하였으며, 70년대에는 유권자의 주목을 받지 못하였다.

이러한 국민전선이 정치 무대에서 주목을 받게 된 것은 1980년대이다. 먼저 국민전선은 1983년 지방의회 선거에서 세력을 확장하고, 다음해 1984년 유럽연합 의회선거에서 득표율 11.2%로 약진하였다(유럽연합 의회선거에 대해서는 제6장을 참조). 이 사건은 극우의 진출로 충격을 주었지만, 1980년대 중반 이후도 국민전선은 국민의회 선거나 대통령 선거, 유럽연합 의회선거 등에서 항상 10% 전후, 혹은 그 이상의 득표율을 얻어, 국정 차원의 중요한 행위자로 인식되게 되었다.

약진의 이유

국민전선이 1980년대 이후 지지를 확대한 배경에는 무엇이 있었는가? 첫째로, 프랑스에서 정치적 대립축의 변용이다. 1981년 '자본주의와 결별'을 주장하고, 좌파노선을 분명히 한 사회당 프랑수아 미테랑 대통령이 취임하였다. 그는 대대적인 선전으로 사회주의적인 개혁을 시도하였으나, 통화위기로 이른 시기에 좌절을 맛보지 않을 수 없었다. 나아가 코아비타시옹(cohabitation: 원래는 결혼하지 않은 남녀의 '동거'를 뜻하는 프랑스어로, 보수·혁신 공존 정권, 즉 대통령과 내각이 보수와 혁신으로 갈릴 경우 쓰는 말) 정권이 탄생하고, 좌우 양 정당이 협동하여 정책을 실시하는 사태가 생긴 것은, 사람들에게 '좌우 정치세력 사이에 본질적으로 차이가 없다'는 인식을 갖게 하는 계기가 되었다. '좌우 정당의 차이는 별로 없다'고 생각하는 사람들의 분포는 1980년대 전반 급증하여, 1984년 약 과반수를 차지하였으며, 1990년대 60%를 넘었다.

좌우 정당이 접근하고, 그 차이점이 별로 보이지 않는 가운데, 유권자의 정당에 대한 귀속의식도 저하하였다. 정당과 연계를 갖지 못하고 있다고 대답한 유권자는 1978년 29%였지만, 1984년 42%로 증가하였다. 정당과 유권자의 거리가 벌어지는 가운데 기성정당에 대한 불신감이 높아져 갔다. 좌우 모두 통틀어 정치가를 정치계급이라 간주하고, 기성정치를 비판하는 주장이 지지를 받는 상황이 생겼다.

국민전선은 이러한 기성정치에 대한 환멸을 배경으로 지지를 확대하였다. 특히 그때까지 '반지배계층 정당'으로 기성정치를 강하게 비판해 온 공산당이 좌파 정권에 참가함으로써, 국민전선은 그 '틈을 메우는' 역할도 맡게 되었다.

둘째로, 국민전선이 민주주의를 받아들이겠다는 입장을 명확히 하였다. 당초 반체제적인 극우색이 강한 국민전선이었지만, 1970년대 이후 그 이전의 극우계의 운동과 거리를 두고, 민주주의 자체를 인정하는 입장으로 전환함으로써, 당내의 반공화·비민주주의를 지향하는 그룹은 상실되어 갔다. 민주주의 그 자체에 대한 프랑스인의 신뢰가 기본적으로 유지되는 가운데, 국민전선이 선거에서 지지를 확대하기 위해서는 그러한 비민주적인 색채를 없앨 필요가 있었다.

오히려 국민전선은 기존의 프랑스의 민주주의를 '보여 주기식 민주주의'라고 부르고, 그 '허구성'을 비판하였다. 르펜은 프랑스 제5공화제를 한통속인 좌우의 정당 정치가들이 정치권력을 돌려가며 잡는 정치체제라고 주장하였다. 그래서 부패한 기성정당 대신 '깨끗한 손'을 사람들에게 펼칠 수 있는 유일한 정당이 국민전선이라는 것이다.

셋째로, 국민전선의 주장 자체의 변화이다. 당초 국민전선은 반공주의를 전면에 내걸고 한편으로 이민에 대한 관심은 희박하였다. 그러나 점점 관심사는 이민·외국인 문제로 이동하고, 1978년 선거 포스터에서 '100만 명의 실업자, 100만 명의 너무 많은 이민'을 주장하는 등 이민 문제를 첨예하게 주장하게 되었으며, 1980년대 그 경향이 명확해졌다. 실업의 증대나 치안 악화의 원인을 이민의 증가로 연결 짓고, '자국민 우선'을 전면에 내세우게 되었다. 선거에서 고용불안에 직면한 '민중계층'을 목표로 놓고, 그들에게 호소하기 쉬운 복지중시의 노선으로 전환하였다. 이민배제와 복지중시를 조합하는 복지배외주의로 전환하였다.

1990년대가 되면 국민전선은 민중을 무시하고 대기업을 우선하는 글로벌화와 EU 통합을 전면적으로 비판한다. 나아가 사회정책 전반에 적극적인 자세를 보이고, 가계수당의 인상이나 휴일 보장에 찬성하고, 공공부문의 파업 지지도 공언하였다. 이와 같이 국민전선은 '민중계층'에서 지지기반의 확대에 성공하였다.

국민전선은 전환과 발전을 거쳐, 2002년 대통령 선거에서 장마리 르펜은 득표율 17%로 2위에 오르고, 처음으로 결선투표에 진출하였다. 결선투표에서 기성보수를 대표하는 자크 시라크가 르펜에게 압승하였지만, '극우 후보자의 결선투표 진출'은 큰 충격을 주었고, 국제적으로도 크게 보도되었다. 그리고 2011년 딸인 마린 르펜이 당대표에 취임하자, 국민전선의 당세는 일단 확대를 보이며, 2014년 유럽연합 의회선거 때 프랑스에서 제1당이되는 등, 그 위세는 기성정당을 능가할 정도였다. 마린 르펜의 '활약'에 대해 제7장에서 다시 설명할 것이다.

오스트리아의 자유당

다음으로 오스트리아를 보기로 하자. 포퓰리즘 정당으로 국제적인 지명도를 자랑하는 오스트리아 자유당은 극우계의 기원을 가진 정당이다. 제2차 세계대전 후 연합국은 오스트리아의전 나치 당원을 공직에서 추방하였지만, '비나치화'에 대한 불만을 배경으로 전 나치 당원들에 의해 '독립자동맹'이 설립되었다. 독일 내셔널리즘과 반공주의를 기초로 '독립자동맹'은 1956년당명을 변경하여 자유당이 성립한 것이다.

다만 전후 오스트리아에서 국민당과 사회당이 합의와 협력아래 정권을 운영하는 '협조민주주의'가 발달하고, 양대 정당이정치 공간을 지배하였기 때문에, 자유당은 양대 정당을 비판하고, 상대가 되지 않는 말하자면 '게토(Ghetto) 정당'으로 존재하여 인기가 별로 없는 미미한 상태였다.

그러나 1986년 외르크 하이더(Jörg Haider)가 당대표에 취임하자 자유당에 전기가 찾아왔다. 하이더는 아버지가 전 나치 당원,

어머니도 아돌프 히틀러의 유겐트 출신이라는 가문의 인물이었지만, 학생시절부터 자유당 청년부에서 활약하여 두각을 나타냈고, 20대 하원의원에 당선한 기대주였다. 그가 기반으로 한 남부의 케른텐 주에서 1989년 주의 총리에 취임하면서, 전국 정치에 발을 들여놓았다.

하이더는 기성정치를 정면으로 비판하면서 동시에 이민이나 난민 문제에도 명확하게 반대하는 입장을 취하면서 폭넓게 유권자에게 호소하였다. 정치 감각이 뛰어난 그는 텔레비전이나 타블로이드 신문 등의 매스컴을 적극적으로 활용하여, 유권자의 의향을 정확하게 포착하여 주장을 전개하였다. 그는 2대 정당에서 공적인 자리를 나누어 갖는 프로포르츠(Proporz: 권력 배분) 체제를 비롯하여 기득권을 계속 비판하면서, 그와 같은 시혜에 무관한 무당파층에 호소함으로써, 지지를 크게 넓혀나갔다. 또한 호소력 있는 청년들을 적극적으로 등용하고, 요직에 앉혀 당의 '참신한' 이미지를 강조하였다.

자유당은 포퓰리즘 정당으로부터 '탈피'에 성공하고, 1994년, 1999년의 총선거에서 자유당은 크게 지지를 얻었다. 특히 1999년 선거에서 국민당을 능가하고 제2당의 자리에 올랐고, 다음해 국민당과 연립정권 수립에 성공하였다. 하이더 본인은 입각하지 않았지만, 자유당은 재무장관을 포함하여 6명의 각료 자리를 차지하였다. 이와 같은 '극우정당의 정치참여'는 국제적으로 크게 보도되었고 EU는 우려하였다.

하이더 후에도 계속되는 순풍

다만 그 이후 자유당은 이상한 행보를 계속하였다. 자유당 출신 각료들은 연립여당의 국민당과 어쩔 수 없이 타협하고, 당의 방침에 반하는 정책을 받아들였다. 하이더는 이것을 심각하게 비판하고 당내 대립 끝에 2002년 당 출신 각료들을 전원 해임하였다. 나아가 당내 주도권을 둘러싸고 하이더 등과 빈을 기반으로 한 하인츠 크리스티안 슈트라헤(Heinz-Christian Strache)와 대립이 심각해지면서, 하이더는 2005년 탈당하여 오스트리아 미래동맹을 결성하였다. 그 결과 자유당과 오스트리아 자유동맹이라는 2개의 포퓰리즘 정당이 경합하는 사태가 벌어졌다.

그리고 2008년 사태는 급하게 전개되었다. 하이더가 뜻밖의 자동차 사고로 사망하였다. 당대표의 사망으로 오스트리아 미래동맹은 혼란에 빠졌다. 한편, 슈트라헤의 자유당은 착실하게 세력을 넓혀 갔다. 현재도 자유당은 오스트리아의 포퓰리즘을 대표하는 정당으로 강한 존재감을 보이고 있다.

특히 2016년 대통령 선거 제1차 투표에서 자유당 후보 노르베르트 호퍼(Norbert Hofer)가 가장 앞서 국제적인 주목을 받았다. 2015년부터 난민 유입이 심각해진 오스트리아에서 엄격한 난민규제를 호소하는 자유당의 입장에 공감하는 유권자가 많았던 것도 순조로운 진행에 도움이 되었다. 5월 결선투표에서 호퍼는 녹색당의 알렉산더 판데어벨렌(Alexander Van der Bellen)에게 근소한 차이로 패했다(후에 재선거에서 패배가 확정).

그러나 2대 정당인 국민당·사민당 어느 쪽 후보자도 결선투표에 나가지 못한 것은 오스트리아 정치의 변화를 확실히 보여 주는 것이었다. 그리고 EU 가맹국에서 처음으로 포퓰리즘 정당 출신의 총리가 탄생할 가능성이 현실적으로 높아졌다. 그리고 포퓰리즘 정당의 성장과 EU 탈퇴 여부를 묻는 영국의 국민투표는 유럽에서 민주주의가 안고 있는 어려움을 잘 보여 주는 것이었다.

벨기에 포퓰리즘 정당 VB

다음으로 역시 극우로부터 시작한 벨기에의 포퓰리즘 정당을 상세히 검토하려고 한다.

벨기에 북부의 네덜란드어권 블렌데렌(Vlenderen)을 기반으로 VB(플람스 벨랑Vlaams Belang)는 설립 이래 이미 40년이 되었다. 오랜 전통을 가진 포퓰리즘 정당이다. 이 당은 일찍이 1980년대 지역선거에서 높은 득표율을 기록하고, 벨기에 정치에 큰 충격을 주었고, 기성정당에 개혁을 강요하는 등 그 영향력은 두드러졌다. 그럼에도 불구하고 약진의 배경에 있었던 것은, 권위주의적인 극우정당으로부터 반이민—특히 반이슬람—을 축으로 한 '현대적' 정당으로의 전환이었다. 오히려 VB는 반 이슬람의 국제적인 네트워크의 기선을 잡은 정당으로 알려졌다.

그래서 이하에서 VB의 전개와 주장을 분석하고, 극우계 정당이 폭넓은 지지를 받으면서 포퓰리즘 정당으로 발전하였으나, 그러나 이 같은 발전에도 불구하고 기성정당 측이 '방역선(防疫線)'을 치고 그 권력행사를 철저히 저지해 왔다는 것을 설명할 것이다. 이러한 벨기에의 사례는 포퓰리즘 정당이 현대 민주주의에 미치는 영향, '방역선'의 존재, 문화 엘리트 비판 등 포퓰리즘을 생각하면 흥미로운 시사를 주므로 극우계 3당 가운데서도 아주 상세하게 다루고 싶다.

여전히 무대가 된 블렌데렌은 영어로 플랜더스(Flanders)라 불리고, 우리에게 익숙한 『플랜더스의 개』라는 동화책의 무대이기도 하다.

언어 문제와 블렌데렌 민족주의

북부 블렌데렌의 독립을 주장하고, 이민의 철저한 배제를 호소하는 급진적 우익정당 VB(플람스 블록VlaamsBlok)가 단번에 벨기에 국정에 진출한 것은, 후에 '암흑의 일요일'이라고 불리는 1991

년 11월 24일 총선거였다. 득표율 6.6%로 12석을 획득하였다.

그 이후 플람스 블록은 블렌데렌에서 지지를 넓혀, 1995년 총선거에서 7.8%, 99년에는 9.9%, 2003년에는 11.7%를 기록하였다. 특히 본거지 안트베르펜에서 많은 지지를 얻었다. 다만 VB는 2007년 이후 VB보다 온건한 입장을 취하는 또 하나의 포퓰리즘계 정당 신블렌데렌 동맹의 성장으로, 각종 선거에서 의석이 줄어들었다. 그러나 이 장에서는 벨기에의 포퓰리즘 정당에서 한 세대를 풍미하고 벨기에 정치에 많은 영향을 미친 VB를 중심으로 검토할 것이다.

아직 플람스 블록은 2004년 반인종 차별법 위반으로 '해산'하지 않을 수 없었기 때문에, 플람스 블록의 회원들은 해산 후 새로운 플람스 벨랑(Vlaams Belang: 블렌데렌의 이익이라는 의미)이라는 신당을 결성하고 보통 정당으로의 전환을 주장하였다. 그러나 두 개의 당 명 모두 VB로 불렸고, 사실상 같은 정당으로 간주되었기 때문에 이후 VB로 당명을 통일하였다.

벨기에의 포퓰리즘 정당의 발전을 생각할 때, 그 배경으로 없어서는 안 되는 것이 벨기에의 언어문제, 특히 블렌데렌 민족주의와의 관계이다.

벨기에는 대략 이야기하면 북부 블렌데렌에서는 네덜란드어, 남부 왈롱(Wallonie)에서는 프랑스어가 사용되는 다언어 국가이지만, 1830년 독립 이래 프랑스어를 중심으로 통일국가 형성이 진행되었다. 그 배경에 있었던 것은 나폴레옹 통치 아래서 프랑스어 사용이 강제되었고, 그리고 남부 프랑스어 지역에서 경제 발전이 두드러지고, 벨기에 독립도 프랑스어 엘리트 주체로 진행되었다는 역사적 사정이 있었다. 프랑스어 우위 아래서 본래 네덜란드권에 있었던 수도 브뤼셀은 압도적인 프랑스어화가 진행되고, 다른 블렌데렌의 도시에서도 프랑스어 사용이 퍼져나갔다.

이것에 대해 19세기 후반부터 네덜란드어와 블렌데렌 문화의 중요성을 호소하는 블렌데렌 민족운동이 번성하게 되고, 네덜란드어의 지위 향상을 진행하였다. 그러나 20세기 접어들어 정치·경제·문화 등 각 분야에서 프랑스어 우위는 계속되었다. 벨기에 정치연구자 마쓰오 히데야(松尾秀哉)의 설명처럼, 20세기 중반이 지났음에도, 프랑스어를 말하지 못하면 벨기에에서는 엘리트가 될 수 없었다. 제2차 세계대전 중 나치 독일에 의해 벨기에가 점령되자, 블렌데렌 민족운동이 점령군에 협력하여, 블렌데렌 분리를 목표로 하기도 하였다.

전후 벨기에에서 언어 대립이 가끔 분출하는 가운데, 여러 차례에 걸쳐 헌법 개정을 통해 연방화가 진행되고, 1990년대까지 블렌데렌이나 왈롱 등은 '언어공동체', '지역공동체'로서 높은 수준의 자치를 획득하였다. 그러나 수도 브뤼셀 주변의 지역을 다루는 문제를 둘러싸고, 21세기에 접어들어서도 언어 문제는 계속 국정을 흔드는 최대의 문제가 되었다. 이와 같이 언어 대립을 배경으로 블렌데렌 민족운동은 대독일 협력이라는 과거를 가지면서 잠재적인 동원력을 보유해 왔다.

1954년 블렌데렌 민족주의 운동을 재결집한 정당으로 블렌데렌 민족동맹(VU)이 설립되었다. 당시 주요 정당이 언어 대립의 억제를 중시한 데 대해, VU는 연방제 도입, 언어공동체의 설립을 요구하면서 1960년대 언어 분쟁을 시작하였다.

VB의 결성과 당의 개혁

이것에 이어 블렌데렌 민족동맹 출신의 급진파가 모체가 되어 결성한 것은 VB(플람스 블록VlaamsBlok)이다. 블렌데렌 민족동맹은 주요 정당과 협력하여 적극적으로, 1977년 정권에도 참가하였지만, 이러한 자세를 너무 타협적이라고 비판한 그룹이 같은 해 탈당하여 VB를 설립하였다.

VB에는 블렌데렌 민족동맹 출신의 급진파에 더해, 각종 블렌데렌 민족주의 세력, 극우세력도 모여서, 마치 블렌데렌 우익이 대동단결하는 모습을 보였다. 특히 전시 중 나치 독일에 협력한 경험을 가진 대독 협력자, 독일과 함께 러시아 전선에서 싸운 '동부전선 퇴역군인회' 등 친나치 세력이라고 여겨져 전후 벨기에서 범죄자로 취급되어 온 사람들이, VB를 조직적·재정적으로 지원하였다. 전후 대독일 협력자들은 블렌데런에서 유일한 대도시 안트베르펜에 몸을 숨기듯이 모였다. 그 결과 안트베르펜은 VB에 아주 강력한 지지기반을 제공하였다.

초기 당 지도자는 블렌데런 민족동맹 출신의 카렐 딜렌(Karel Dillen) 등이다. 딜렌은 각종 블렌데런 민족주의 단체나 대독 협력자 계열의 그룹과 연계하고, 그것을 정점으로 각종 단체가 VB에 결집하여 가능하게 되었다.

그러나 당초 VB에 대한 지지는 확산되지 않고, 선거에서도 정체가 계속되었기 때문에, 딜런의 의석만 계속 유지되는 상태였다. 그래서 1980년 접어들어 VB는 몇 가지 '개혁'을 통해 현상 타파를 시도하였다.

첫째로, 당을 지지하는 인재가 젊어졌다. 의욕적인 젊은이를 다수 모집하여 당내 활성화를 시도함과 동시에, 유권자에게 적극적인 주장을 시도하였다. 후에 VB의 지도자가 된 필립 드빈터 (Filip Dewinter) 등은 이 때 VB에 참가하였다.

둘째로, 당의 이미지를 쇄신하려고 노력하였다. 대독일 협력자와 극우세력에 의해 지지된 당이라는 인상을 지우려고 노력하는 한편, 기성정당과 차별화를 강조하고, 기득권과 무관한 신당으로 당을 홍보하였다.

셋째로, 이데올로기의 변화를 모색하였다. 1980년대 VB는 반이민·반기성정당을 전면에 내놓는 전략으로 전환하였다. VB는 블렌데렌 민족주의를 비롯하여, 원래 주변적인 주제에 불과한 반이민이라는 주제를 선택하였다. 당 지도부는 이민 비판이 선거 전략으로 매우 유효하다는 것을 알고 이민 문제를 선거에서 주장하였다. 결국 찬반양론을 불러일으키면서 당에 대한 관심을 끄는 데 성공했다. 특히 딜렌에 이어 당 지도자가 된 드빈터는 반이민을 강경하게 주장하며 당에 대한 지지를 호소하였다.

이와 같은 개혁을 거치면서, VB는 반이민과 기성정치 비판을 중심으로 포퓰리즘 정당으로 탈바꿈해 갔다. 원래 드빈터를 비롯한 젊은 당원은 극우와 거의 연계 하지 않았다. VB는 선거에서 그들을 전면에 내세움으로써 유권자의 우려와 다른 정당으로부터의 비판을 없애려고 노력하였다.

이러한 변화를 거친 VB는 1988년 안트베르펜 시의회 선거에서 득표율 17.7%를 얻어 단번에 관심을 받았다. 그리고 1990년대 VB는 국정 차원에서도 계속 약진하였다.

지지기반의 개척

개혁 후 VB의 확대를 지지한 것은, 그 지역에 밀착한 조직 전략이었다. 특히 안트베르펜과 그곳에 가까운 지역은 VB에 공고한 지지기반을 제공하였다.

1980년대 후반 VB는 드빈터를 중심으로 안트베르펜의 빈곤지구에서 반이민의 선전을 중점적으로 실시하였다. 드빈터 등은 그때 실업이나 범죄, 도시의 황폐와 같은 문제의 근원은 이민에 있음을 알고, 이민의 추방으로 지역 문제가 해결 가능하다는 단순화된—그러나 그렇기 때문에 '알기 쉽다'—주장을 전개하였다. 또한 이민을 부당하게 우대하고 있다고 시 당국과 기성정당을 비판하고, 부패한 기성정치에서 이민 문제의 해결은 불가능하다고 호소하였다. 이러한 홍보 활동을 전개할 때, VB 설립의 중심이 된 안트베르펜의 극우나 전 대독 협력자 그룹은 중요한 역할을 하였다.

그리고 1989년 이후 정당으로 공적 조성의 대상이 되고, 당 재정이 안정되자 VB는 훨씬 적극적으로 당 활동을 전개하였다. 당 기관지의 발행은 물론, 당일치기 세미나나 회의 개최 등을 통하여, VB는 폭넓은 주장을 전개하였다.

이러한 전략은 효과가 있었다. 안트베르펜에서 오랫동안 황폐한 빈곤지구, 특히 백인 실업자가 많은 한편, 터키인이나 모로코인 등 이슬람계 이민이 많이 거주하는 지구에서 VB는 많은 지지를 받았다. 1990년대 시내의 부유한 지역에서도 VB에 대한 지지가 확대되고, 1994년 안트베르펜 시의회 선거에서 득표율이 28%에 이르렀으나, 당시 VB를 기반으로 한 빈곤지구에서 득표율은 40~50%에 이르렀다. 안트베르펜과 브뤼셀, 겐트(Ghent)의 주요 3도시 사이에 펼쳐져 있는 공업지대에서도 공업부문의 쇠퇴나 도시의 황폐를 배경으로 VB에 대한 지지가 확대되었다.

반이슬람의 주장

다음으로, VB의 이데올로기에 대하여 설명하려고 한다.

첫째로, VB는 역시 블렌데렌 민족주의를 주장하였다. 벨기에에서 1993년 연방제 실시 이후 주요한 세수(稅收)는 연방정부 관할이고, 또한 사회보장비도 연방의 재원에 의해 조달되었기 때문에, 실업률이 높은 왈롱에 대한 사회보장급부는 지역 간의 재원 이전으로 이해되었다. 그 가운데 벨기에 국가 자체를 역사적인 잘못이라고 보고, 블렌데렌 독립을 주장하는 VB가 지지를 확대하였다.

둘째로, VB는 이민 비판, 특히 이슬람 비판을 중심 이데올로기로 하였다. VB는 이슬람은 남녀평등을 존중하지 않고, 정교분리나 언론의 자유와 같은 헌법 원리에 반하는 종교라고 비판하였다. 특히 드빈터는 반이슬람 비판에 가장 앞선 인물이었다. 그는 이슬람을 '정치적인 종교'라 보고, '우리들의 자유로운 유럽 사회'를 이슬람에게 복종시키려 하는 이데올로기에 불과하다고 보고 있다.

최근 유럽의 포퓰리즘 정당은 국경을 넘어 연계를 하고 있지만, 드빈터는 '반이슬람'을 통한 연계의 추진자였다. 2008년 각국의 우파 포퓰리즘 정당 관계자가 모여 '이슬람화에 반대하는 도시연합'이 결성되었다. 여기서 유럽의 각 도시에서 문제되고 있는 모스크 등 건설을 생각하며, 유럽의 '이슬람화' 저지가 논의되었다. 그리고 드빈터는 오스트리아 자유당의 하인츠 크리스티안 슈트라헤 등과 함께 이 운동을 주도하였다.

블렌데렌의 소도시 리룰에 모스크 건설이 계획되자, 드빈터 등은 반대운동을 전개하였다. 드빈터는 무슬림에 의한 유럽의 '역식민화'가 진행되고 있다는 논의를 전개하며, 이미 유럽에 살고 있는 5,000만 명의 무슬림에 의해 유럽 전체의 이슬람화가 진행되고 있다고 호소하였다.

기득권 비판

셋째로, VB는 포퓰리즘적인 정치 엘리트를 비판하였다. '개혁' 후 VB에서 뚜렷한 것은 기성정치에 대한 처벌이었다. 기성정치가는 "거만하고 부패한 사람들이다. 자기중심적이고 무능하며 무책임하여 신뢰할 가치가 없다, 그러므로 범죄에 발을 담그고 있는" 사람들로 묘사되었다. 그들이 진행하는 정책은 이민이나 치안 문제를 비롯하여, 사람들이 지향하는 것과 많이 벗어나 있음에도 불구하고, 일종의 '음모'에 의해 그 지위는 평안하게 유지되고 있다는 것이다.

이상과 같이 VB에 의한 기성정치 비판은 어느 정도 '설득력'을 얻기 시작하면서, 1990년대 접어들어 VB에 대한 지지가 단번에 매우 높아져 갔다. 벨기에서는 기성정당이 제대로 기능하지 못할 뿐만 아니라, 부정부패에 대한 광범위한 비판도 전개되었다.

20세기 벨기에 정치를 주도한 것은 기독교 민주주의 정당과 사회민주주의 정당 2대 세력이었다. 두 세력은 단지 정권을 잡았을 뿐만 아니라, 관료기구나 공기업에도 침투하고, 공공사업이나 보조금의 배분에도 깊이 관여한 클라이엔털리즘 체제(정당지배체제라고도 함)를 만들었다. 특히 블렌데렌을 기반으로 기독교 국민당, 왈롱을 기반으로 사회당은 모두 각자의 지역에서 이익배분의 중추로서 권력을 휘두르고, 관료기구의 비대화화도 진행하였다. 그러나 20세기 후반 진행된 지방분권, 연방제의 도입은 블렌데렌과 왈롱 두 지역에서 각자 우위 정당의 지위를 문제없이 정리함으로써, 오히려 클라이엔털리즘의 진전을 촉구하는 결과가 되었다.

이것에 대해 VB는 기성정당에 의한 이익 유도정치를 많이 비판하였다. 엘리트 지배를 타파하기 위하여 VB가 마주한 것은 국민의 직접적인 정치 참여였다. VB는 주(州)를 비롯하여 중간적인 행정조직을 폐지하면서, 시장 등 공직 선거를 공선제로 하고, 나아가 구속력 있는 국민투표제도를 도입하면서 시민의 의사를 직접 정치에 반영시켜야 한다고 주장하였다.

벨기에 정치학자 마르크 스윙에다우(Mark Swyngedouw)는 '부패한' 기성정치를 비판하면서, "지금 VB 정치가의 공식 이미지는, 블렌데렌 사람들의 '진정한' 이익을 지키려 노력하고, 그들을 존중해야만 하고, 스마트한 사람들이 되었다."고 말하였다. VB를 지지하는 많은 핵심적인 인물들은 대독협력자나 극우에 뿌리를 둔 사람들이었음에도 불구하고, 기득권과 연고가 없는 VB는 말하자면 부패한 기성정치에 대한 쇄신을 가져오는 존재로 기대를 모았다.

'방역선'

VB의 진출에 충격을 받은 기성정당은 국민의 인권을 침해하는 비민주적인 정당과 협력해서는 안 된다는 입장에서 상호 합의를 맺고 '방역선(cordon sanitaire)'이라 불리는 철저한 VB의 배제를 시작하였다. 이 '방역선'은 구체적으로 다음과 같은 것을 의미하였다. 첫째, 기성정당은 선거에서 VB를 배제한다. 즉 선거협력이나 선거 때 공동기자회견 등을 하지 않는다. 둘째, 기성정당은 의회에서 VB를 배제한다. 즉 입법 활동에서 협력하지 않고, VB가 제출한 결의에 찬성하지 않는다. 셋째, 기성정당은 행정부에서 VB를 배제하려고 한다. 즉 연립정권에서 VB를 포함시키지 않는다는 것이다. 이러한 삼중의 배제를 통하여 기성정당은 VB의 영향력을 배제하고, 그것을 '비정통화' 하기 위하여 임무를 수행하였다.

이 '방역선'은 국정에서 1991년 총선거부터 적용되었지만, 지방정치에서도 철저하였다. 안트베르펜에서 VB가 1994년 시의회 선거에서 득표율 28.5%에 이르는 약진을 이루고, 55석 중 18석을 획득하였지만 시정참여는 하지 않았다. 다른 정당이 보수부터 좌파 녹색당까지를 포함하여 대연립을 구성하고, VB를 시정으로부터 배제하였기 때문이다. 2006년 시의회 선거에서도 VB의 득표율이 33.5%에 이르렀음에도 불구하고, 역시 다른 정당은 대연립을 구성하고 VB를 배제하였다.

하지만 이 '방역선'이 실제로 VB의 '비정통화(非正統化)'로 이어졌는지 여부는 확실하지 않다. 원래 VB는 이민 문제와 함께 '기정정당 엘리트에 의한 담합정치' 비판을 무기로 유권자의 지지를 모아 온 정당이기 때문에, '방역선'의 성립은 바로 VB에 의한 담합정치 비판을 보증하는 것이 되었다. '방역선'에 의해 VB의 설명이 오히려 "정통화되고 보강되었다"는 지적도 있다. 그렇기 때문에 VB에 비판적이었다 하더라도, '방역선'의 효과에 대해 회의적인 시각을 가진 논자들도 많다.

블렌데렌 문화란?

VB에 있어서 엘리트 비판의 대상은 기성정치가에 머무르지 않았다. VB는 정치 엘리트와 공모하여 학계나 교회, 미디어 업계와 같은 문화 엘리트가 그 지위를 고수해 왔다고 보고 있으며, 자기 당에 비판적인 언론인과 예술가에 대해서 소송을 제기하고 활동을 자제하도록 요청하는 등 활발하게 비판 활동을 전개하였다.

특히 블렌데렌의 극장에 대해 VB가 전개한 비판은 잘 알려져 있다. 이것은 단지 벨기에 사례에 머무르지 않고, 포퓰리즘과 문화의 관계를 생각한 후 시사적이었으므로 좀 더 설명하려고 한다.

블렌데렌에서 19세기 후반부터 민족문화 부흥에 노력하기 위하여 블렌데렌 독자의 문화 활동을 전개하여 왔으며, 그 가운데 극장은 중요한 위치를 차지해 왔다. 공적 조성을 계속 받으면서, 네덜란드어에 의한 연극 상연을 비롯하여, 독자적인 문화 발신의 거점이 되어 왔다. 특히 안트베르펜, 겐트, 브뤼셀에 위치한 극장이 중심적 역할을 수행하였다.

그러나 제2차 세계대전 중 블렌데렌 민족주의가 대독 협력에 가담하였다는 이유로, 전후 블렌데렌 계열의 극장에서도, 블렌데렌 문화의 일방적인 칭찬을 피하는 경향이 강하게 보였다. 나아가 20세기 후반이 되자 극장에 모인 문화인이나 예술가들은 코즈모폴리턴적인 지향이 강하였다. 그 결과 극장의 연극은 기성의 가치관을 비판하는 전위적인 현대 연극이 주류가 되어 갔다. 그들은 블렌데렌 민족주의가 높아가는 데 거리를 두고, 특히 VB와 같은 배타적인 민족주의에 대해 비판적이었다.

이들 극장에서는 블렌데렌 우선주의나 VB에서 보이는 이민 비판에 대한 비판을 계속 집중하면서, 마이너리티를 적극적으로 등용한 이외에, 블렌데렌에서 문화적 다양성의 중요성을 지적하는 상연목록을 상연하고, 이민도 블렌데렌 문화의 중요한 부분을 담당하고 있다고 호소하였다. 특히 브뤼셀에 있는 왕립 블렌데렌 극장에서는 프랑스어를 하는 사람과 그 이외 마이너리티를 포함한 브뤼셀의 다양성을 적극적으로 제시하고, '열린 블렌데렌'을 호소하는 상연목록이 눈에 띄었다.

벨기에 문화사 연구자 카렐 반해세브룩(Karel Vanhaesebrouck)은 영국의 셰익스피어나 프랑스의 고전주의 연극 등과 같은 국민적 연극이라 불리는 공통의 역사적 유산이 원래 블렌데렌에 존재하지 않고, '블렌데렌다움'을 표현하는 연극을 발견하기 어렵다고 지적한다.

블렌데렌 출신으로 국제적으로 유명한 극작가 모리스 마테를 링크(Maurice Maeterlinck, 1862~1949)가 있다. 말할 필요도 없이 마테를링크는 「파랑새」 등의 작가로 세계적으로 높은 지명도를 자랑하고 있고, 1911년 노벨 문학상을 수상한 인물이다. 그는 블렌데렌의 유명 도시 겐트에서 출생하였으며, 그러한 의미에서 블렌데렌 출신자였다.

그러나 당시 블렌데렌의 도시 엘리트층이 그러하였던 것처럼 부유층 출신인 그는 프랑스어로 교육받았고, 프랑스로 이사한 후 극작가 활동도 기본적으로 프랑스어로 하였다. 네덜란드어도 사용하였지만, 네덜란드어로 집필하지 않은 이상 마테를링크의 작품은 블렌데렌 연극의 고전으로 여겨지지 않았다.

그러한 현실에 입각하여, 현대의 블렌데렌 극작가들은 '순수한 블렌데렌 문화'를 추구하는 시도에 비판적이었고, 문화적 다양성 가운데 새로운 블렌데렌 문화의 위치를 재정의 하려는 인식을 가지고 다양한 시도를 하였다. 예를 들면, 어떤 극에서는 '블렌데렌다움'의 상징이라고 말할 수 있는 가톨릭 주교를 모로코계의 배우가 연기하였으며, 19세기 대표적인 블렌데렌 시인의 시를 힙합조로 노래하기도 하였다.

반해세브록은 이들 '탈구축주의'적인 연극이 호소하는 메시지에 대해, 다음과 같이 정리한다. "'블렌데렌다움'이라는 것은 본질적으로 하이브리드로, 간문화적(Inter-cultural) 정체성이 아닐까? 거기에서 다양한 문화는 각각 독립한 실체로 개별적으로 서는 것이 아니라 서로 어울려 기초에서부터 연계되어 있다."

그의 지적이 정확하다면, '진정한 블렌데렌 문화'를 연구하는 시도는, 말하자면 '파랑새'를 찾는 것과 같을지도 모른다.

문화 엘리트 비판

그러나 VB는 이러한 연극 운영을 비판하였다. VB는 블렌데 렌의 극장은 무엇보다도 먼저 블렌데렌 문화와 블렌데렌의 정 체성을 지키기 위해 활동해야 한다고 주장하였다. 또한 프랑스 어나 그 이외의 외래문화의 침식에 대해 네덜란드어와 블렌데 렌 문화를 적극적으로 옹호하는 것이 그 사명이라고 강조하였 다. 특히 그 '최전선'에 선 브뤼셀의 블렌데렌 극장에 그 중요한 사명이 맡겨져 있다고 말하였다. 그러나 극장의 현상은 블렌데 렌 문화를 부끄럽게 여기며 프랑스어의 우위에 복종하여, 무의 미한 '문화적 다양성'을 받아들일 뿐만 아니라 본래의 역할을 일 탈하였다.

또한 VB는 VB 비판으로 가득 찬 연극 목록이 극장에서 상연 된 것에 강한 불만을 표시하였다. 예를 들면 안트베르펜의 극장 은 2006년 시의회 의원 선거 전에 클라우스 만(Klaus Mann) 원작 『메피스토(Mephisto)』를 반복하여 상연하였다. 독일 출신의 유대 인계 작가 클라우스 만이 나치 비판을 중심으로 집필한 이 작품 을 선거 전에 극장이 상연한 것은 VB와 나치를 같이 놓고 위험 의 신호를 울렸다는 점에서 의미가 있었다. VB는 비판의 자유를 계속 인정하면서, 자신들에게 투표한 사람들을 포함하여 납세 자의 세금에 의해 마련된 극장에서, 그와 같은 당파적 비판은 인정하지 않았다.

나아가 VB는 그 비판을 극장의 엘리트적인 특성으로 돌렸다. VB의 비판은 극장들의 연극 목록이 한 그룹의 예술 엘리트들의 취향에 맞추어져 있고, 너무 전위적, 실험적인 것이어서, 대중의 입장에서 보면 연관성이 먼 것이었다. 실제로 상연되고 있는 연극은 일부 관객만 좋아하는 어려운 연극목록이었으며, 같은 관객이 그것을 반복하여 보는 것에 불과하였다. 공적 조성을 받은 극장은 주민 전체를 위하여 존재하는 이상, 문턱을 낮추어 일반 대중, '보통 사람들'이 부담 없이 방문할 수 있도록 '고전적·대중적'인 연극 목록을 상연하여야 한다고 주장하였다.

그러나 VB의 주장은 받아들여지지 않았고, VB와 극장 측의 대립은 계속되었다. VB는 다음과 같이 결론을 내렸다. 즉 블렌데렌의 예술계는 기성정당의 엘리트와 결탁하여 기득권층의 구성원으로 변화하고, 민중의 희망을 배신하였다. 그리고 "비판을 받아들이지 않고, 권력에 아첨할 뿐"이라는 것이다.

분라쿠(文樂) 비판과의 공통점

여전히 공적 조성을 받는 예술 활동이 민중에게 폭넓게 전개되지 않고 있다는 비판은, 일본에서 하시모토 도루가 오사카 시장 재직시 분라쿠협회(文樂協會)에 대해 던진 비판과 상통하는 것이다.

2012년 하시모토는 오사카시의 분라쿠협회에 대한 보조금 수정을 분명히 밝혔지만, 이것은 강한 반대에 부딪치고 예술과 공약지원의 방법을 둘러싼 논쟁으로 발전하였다.

하시모토는 "원래 예능은 대중오락이다"라고 단언하였다. 그리고 그는 "대중이 받아들이는지의 문제가 제일 중요하다. 대중에게 이해를 받는 것이 아니라, 대중에게 받아들여지는 분라쿠로 하지 않으면 안 된다"고 주장하면서, 기존의 분라쿠의 운영 방법에 의문을 제기하였다. 그리고 그는 "역대 시장과 행정은 분라쿠라고 하면 비판을 금기시"하였지만, 그것은 "비판하면 문화음치라고 알려지는 것이 두려웠기 때문"이라고 말한다(하시모토 도루 2012년 7월 27일 트위터).

여기서 VB의 연극 비판처럼 '엘리트 문화'의 '독점성'에 대한 포퓰리즘적인 비판을 보고 이해할 수 있다. 블렌데렌의 경우 비판의 대상이 전위적으로 다문화주의를 지향하는 연극이며, 오사카의 경우는 전형적인 전통 예능이라는 점에서 비판의 화살이 반대로 향하는 것처럼 보인다. 그러나 어느 예술도 고도의 기능을 가진 전문가들이 담당하고 있으며, 공적인 보호와 재정지원의 대상이 계속 되어도, 반드시 '대중이 받아들이는' 것이 되지 못하고 있는 것이 현상이다. 그것이 '대중을 위한 예술'을 요구하는 VB나 하시모토 시장에 의한 비판의 대상이 되었다고 말할 수 있다.

민주주의에 대한 위협과 공헌

포퓰리즘 정당은 민주주의에 어떠한 영향을 미치는가? 이 문제를 생각한 후 벨기에의 사례는 참고가 된다. 벨기에에서 VB는 이미 30년 이상 존재하였고, 서유럽 포퓰리즘 정당 가운데 선배에 가까운 위치로, 안트베르펜 등의 도시 차원에서 이미 1990년대부터 많은 지지를 얻고 있다. 그 때문에 포퓰리즘 정당이 민주주의에 미친 영향을 보았을 때, 그것은 하나의 참고자료가 될 수 있다.

벨기에의 정치가나 많은 논자들은 VB의 존재를 민주주의에 대한 위협으로 간주하였다. 특히 인종차별적인 주장, 자기 당에 비판적인 언론인이나 예술가에 대한 소송이나 협박적인 비난 등은 법 아래서의 평등이나 언론의 자유와 같은 입헌적 가치를 위협하는 것으로 여겼다. 이러한 입장으로부터 VB가 이슬람 비판 때 사용하고 있는 남녀평등, 정교분리, 언론의 자유와 같은 주장은, 자기 당 비판을 주고받기 위한 방편이었고, '공허한 말'에 불과하였다. VB는 "스스로 주장하고 있는 것을 실천하지 않는다." 정말로 그 때문에야말로 '방역선'의 존재가 정당화되고, 2004년 법원은 당의 해산 명령을 내렸다.

그러나 다른 한편으로 VB의 진출에 위기감을 느낀 기성정당이 차례차례 개혁에 박차를 가한 것도 사실이다.

먼저, 블렌데렌의 자유주의 정당 자유진보당은 VB가 총선거에서 약진한 다음해 1992년 블렌데렌 자유민주당으로 옷을 갈아입고, 블렌데렌 정당이라는 것을 명시하는 한편, 당의 저변을 확대하고 폭넓은 충원을 시도하였다. 그 과정을 주도한 당 지도부 히 버르호프스타트(Guy Verhofstadt)는 종래의 이익단체 정치를 비판하고, 정치를 시민에게 개방해 정치가와 유권자의 거리를 좁힐 것을 주장하였다.

젊고 개혁 지향적인 버르호프스타트는 폭넓은 기대를 모으는 데 성공하였다. 원래 블렌데렌 자유민주당은 정권에 깊게 관여한 사회민주주의 정당이나 기독교 민주주의정당과 비교하여 이익유도 색이 엷어진 것도 다행이었다.

블렌데렌 자유민주당은 1999년 총선거에 이어 제1당으로 약진하였다. 버르호프스타트는 총리에 취임하고, 기독교 민주주의 정당의 장기정권에 종지부를 찍었다. 블렌데렌 자유민주당은 2007년 '열린 자유민주당'으로 다시 당명을 바꾸었다.

자유주의 정당의 개혁의 성공을 눈앞에서 직접 목격한, 다른 기성정당도 일제히 '개혁'으로 기울었다. 1999년 선거 패배의 충격을 받고, 2001년 기독교 국민당은 '블렌데렌 기독교민주당'으로, 사회당은 '또 하나의 사회당'으로 당명을 개정하고, 당의 개혁을 호소하였다. 환경 정당인 아가레프(Agalev: '다른 삶을 살자'는 의미)도, 2003년 '그린!'(Groen)으로 당명을 개정하였다.

이렇게 하여 블렌데렌의 유력 정당은 이름만 보면 모두 '신당'으로 다시 태어났다. 특히 사회당은 당명 개정 후 당 지도자로 바(bar) 운영자 출신의 스티브 스테파르트(Steve Stevaert)라는 이색 경력을 가진 개혁파를 선출하고, 그의 아래서 여성이나 청년층을 다수 기용하는 등, 종래의 당의 운영 방법을 극복하려고 시도하였다. VB를 지지하는 표의 흐름을 막으면서, 기성정당 비판을 주고받기 위하여, 각 당은 겉모습 따위는 개의치 않고, '새로운' 이미지를 찾기 위해 필사적이었다고 말할 수 있다.

이와 같이 벨기에에서 극우에 기원을 가진 민족주의 정당인 VB는 반기성정당과 반이슬람을 우두머리로 하는 포퓰리즘 정당으로 '진화'하고, 그 배외주의적 입장, 반대파에 대한 고압적인 대응 등이 비판되면서도, VB에 대한 찬반을 둘러싼 경합을 통해 정치 공간을 '활성화'시키고 기성정당에 개혁을 재촉하였다.

개혁과 배제 사이에서

그리고 현재 퇴조하는 듯한 경향이 있는 VB는 2014년 총선거에서 득표율이 3.7%로 떨어지고, 의석수가 약 3석으로 격감하는 대패배를 맛보았다. 그 주요 원인은 역시 블렌데렌 민족주의에 입각하여, 약간 포퓰리즘적 경향이 있다는 점에서 비슷하다고 말할지라도, 보다 온건한 신블렌데렌 동맹의 약진에 있다고 보여진다. 이 신블렌데렌 동맹은 기존의 정당과 협력관계를 유지하고 있으며, 2014년에 이어 연합정권을 조직하고, 블렌데렌 정부의 총리를 내는 데 성공하였다.

VB는 벨기에 정치에 예전에 없던 긴장감을 초래하면서도, '방역선'에 의해 정권참가가 항상 저지되고, 정책의 직접적인 실현이 거부되어 왔다. 거기에 신블렌데렌 동맹이라는 '현실적인 선택지'가 나타남으로써, VB에 대한 유권자의 기대가 엷어진 것은 부정할 수 없다. 10년 넘게 기성정당 측이 '방역선'을 지켜온 것은 VB의 쇠락이라는 형태를 가져오고, 그것이 주효하였다.

2015년 1월 예언자 무하마드 풍자 그림을 게재한 『샤를리 에브도』지가 습격당하여 12명이 사망하는 비극적인 사건이 발생하였다. 드빈터는 의회에서 코란을 손에 들고, 코란은 '모든 악의 근원', '살인 허가증'이라고 심하게 비판하였다. 이에 대해 담당 장관으로 반론한 것은 신블렌데렌 동맹의 얀 얌본(Jan Jambon) 내무장관이었다. 얌본 내무장관은 드빈터와 같은 급진적인 이슬람 비난은 쓸데없는 분란을 자초하는 것이라 비판하고, "드빈터의 주장은 다른 어떠한 정당으로부터도 지지를 얻지 못할 것"이라고 단언하여, 의회 내 VB 이외의 거의 모든 정당으로부터 박수가 터져 나왔고 찬성을 표시하였다. 벨기에 정치에서 VB를 철저히 배제한 '방역선'의 존재가 새삼스럽게 확인되는 순간이었다.

그렇다 하더라도 현대의 벨기에 민주주의는 예전의 VB가 비판한 것처럼, 2대 정당을 중심으로 한 폐쇄적인 정치 엘리트에 의한 이익 유도정치로부터 커다란 변화를 가져왔다. 그 변화를 초래한 하나의 원인으로 VB의 진출과 기성정당에 대한 비판을 무시할 수 없다. '블렌데렌 민중의 대표'를 자인하는 포퓰리즘 정당 VB의 날카로운 도전은 '방역선'을 넘어 기존의 정치에 커다란 영향을 미쳤다고 말할 수 있을 것이다.

제4장

리버럴 보호를 위해

'반이슬람': 환경·복지

선진국의 갈등

테러의 연속과 이슬람 비판

2015년은 제2차 세계대전이 종결된 지 70년이 되는 해이다. '전후'의 평화와 번영을 누려 온 유럽은 1월 초순부터 이슬람 과격파가 관여한 사건이 계속 발생하여, 떠들썩한 새해를 맞이하였다. 먼저 프랑스에서 『샤를리 에브도』지 사건을 시작으로, 이슬람 과격파에 의한 사건이 잇따라 발생하였다. 2월 덴마크에서 '표현의 자유'를 둘러싼 회의와 유대교 예배당이 습격을 받고 2명이 사망하는 사건이 발생하였다. 그 후 2016년 7월 프랑스 니스에서 이슬람 극단주의로 추정되는 범인이 폭도 트럭을 사용한 테러를 일으키는 등 충격적인 사건이 계속되었다. 유럽이 새로운 '전쟁'의 소용돌이 속에 빠져들고 있는 것처럼 보였다.

이 기회를 틈타 반이슬람의 깃발을 높게 들고 지지를 모아간 것은 유럽 각국의 포퓰리즘 정당이다. 앞 장에서 벨기에 VB에 의한 이슬람 비판을 다루었지만, 최근 '이슬람의 위협'을 강조하고, 이슬람 이민의 배제를 주장해 온 각국의 포퓰리즘 정당은 이들 사건으로 스스로의 주장이 맞고 입증되었다고 설명하였다.

그리고 기성정당의 무대책을 비판함과 동시에, 이슬람 비판을 한층 소리 높여 부르짖고 있다.

『샤를리 에브도』지 사건 이후 이탈리아 북부동맹당 대표는 이슬람을 '위험한 종교'라고 비판하고, 덴마크의 국민당 의원은 급진적이라고 지적된 모스크 폐쇄를 요구하였다. 프랑스 국민 전선의 간부는 이슬람은 "종교법과 시민법을 혼동하고", 프랑스 국가의 세속적인 성격을 인정하지 않는 종교라고 설명한 뒤, "다른 어떤 종교보다도 광신자를 만드는 경향이 있다"고 단언하였다. 네덜란드 자유당(PVV)의 헤이르트 빌더르스(Geert Wilders)는 이슬람은 "살인자를 부추기는 종교"라고 비난하였다. 이와 같이 각국의 포퓰리즘 정당이 이슬람 비난에 보조를 맞추는 가운데, 이슬람교도에 대한 '마녀사냥'이 시작된 것은 아닌가라는 우려도 나타나고 있다.

원래 유럽에서 이슬람교도의 존재가 과대하게 인식되고 있다. 각국에 살고 있는 이슬람교도는 인구 비율로 대략 5% 정도인데도 불구하고, 각국의 시민은 자국에 살고 있는 이슬람교도의 비율을 20~30% 정도에 이른다고 추측하고 있어, 그 차이는 매우 크다. 이렇게 많은 비율을 차지하고 있는 이슬람교도의 문제를 전면에 내세우고, '금기'를 넘어서려는 포퓰리즘 정당은 이민을 둘러싼 현상에 불만을 가진 사람들의 강한 지지를 받고 있다.

이러한 '반이슬람'의 움직임 가운데 특히 주목을 끈 것은 네덜란드 자유당 빌더르스 대표였다. 그는 이미 21세기 초부터 '이슬 람의 위험성'을 지적하고, '이슬람과의 전쟁'에 몸을 던지는 '투사'라고 자인함과 동시에, 유럽 차원의 반이슬람 네트워크 만들기에 노력했다.

그러므로 이 장에서는 빌더르스의 자유당을 기준으로 '리버럴'의 입장으로부터 반이슬람을 주장하고, 그 배제를 주장하는 포퓰리즘 정당을 다룬다. 사례로 들고 싶은 국가는 덴마크와 네덜란드이다. 앞 장에서 다룬 극우로부터 시작한 정당과 달리, 이들 국가의 포퓰리즘 정당은 설립부터 민주주의를 전면적으로 받아들였으며, 그럼에도 불구하고 '리버럴'적 가치를 높이 내건 뒤, 이슬람 이민을 비판하는 논법을 취하고 있다. '리버럴'과 '반이민'을 연계하는 논법은 일본에서는 생소한 주장이지만, 21세기 유럽에서 오히려 계속 침투하고 있다. 이러한 포퓰리즘의 '진화'를 살펴봄으로써, 선진 민주주의가 안고 있는 어려운 문제를 명확히 할 수 있을 것이다.

왜? '모델 국가'에서

그런데 덴마크나 네덜란드는 최근 일본에서 가끔 모델로 다루어 온 대표적인 국가이다. 덴마크는 장애자를 둘러싼 '노멀라이제이션'을 진행한 복지 선진국이며, 풍력발전이 발달한 환경 선진국으로 자주 참고된다. 또한 네덜란드는 21세기 초 시간 단축과 임금억제를 하나로 한 '워크셰어링(Work sharing: 일자리 나누기)'의 발상지로, '네덜란드 모델' 국가로 알려졌고, 최근에는 일과 삶의 균형(Work and Life Balance) 정책이나 동일노동 동일 임금을 진행한 국가로, 역시 중요한 모델로 주목받고 있다.

그러나 동시에 이 두 국가는 21세기 접어들어 반이민을 주장하는 포퓰리즘 정당이 약진한 국가이다. 그럼에도 불구하고 포퓰리즘 정당은 내각 외 협력 등의 형태로 정권에 힘을 빌려주고, 강한 영향을 부여해 왔다. 그 결과 양국의 이민·난민정책은 대단히 엄격해졌으며, 지금 이 두 국가는 유럽에서 이민자들에게 매우 엄격한 국가로 분류되어 있다.

다만 조심하여야 하는 것은, 여기서 등장한 포퓰리즘 정당은 극우와 확실히 거리를 두고, 민주주의적인 여러 가치를 전제로 성립한 정당이라는 점이다. 프랑스나 오스트리아의 포퓰리즘과는 달리, 모두 역사적으로 극우세력과 연계를 하지 않고, 반유대인주의와도 무관하며, 민주주의의 아래에서 '보통의 정당'으로 인식되고 있다.

이뿐만 아니라, 이들 포퓰리즘 정당은 최근 서양의 '리버럴한 가치'를 전제로, 정교분리나 남녀평등을 주장하면서 동시에, 그 여세를 몰아 근대적 가치를 받아들이지 않는 이민이나 이슬람교도에 대한 비판을 전개하고 있다. 말하자면 근대 계몽주의를 계속 이어받은 사람으로 '리버럴'이라 부르고, 그 리버럴한 가치를 추구하기 위하여 이민을 배제하는 주장과 논리를 취하고 있다. 그리고 극우가 이것에 찬성하지 않더라도, 이민 문제에 관심을 보이는 유권자에게 호소하면서 관계를 맺고, 선거에서 성장을 하고 있다.

유럽의 최고 선진국으로 관심을 끌고 있는 두 국가는 동시에 '리버럴'을 발판으로 강력한 반이슬람을 주장하면서, '선진적'인 포퓰리즘의 못자리가 되기도 하였다.

덴마크의 진보당

먼저 덴마크의 포퓰리즘 정당에 대해 간단히 살펴보고자 한다. 1972년 덴마크의 세무전문 변호사 모겐스 글리스트럽(Mogens Glistrup)은 진보당을 창립하였다. 그는 TV에 출연하여, 점령기 때 독일이 과세 회피를 대독 저항운동으로 활용한 예를 들면서 갑자기 유명해진 인물이다. 보수계 정당으로부터 출마하려고 하였지만 실패하자, 스스로 당을 만들어 정치에 참여하였다. 이것이 진보당이다(진보당, 덴마크 국민당에 대해서는 고가 선생의 연구가 자세함).

진보당은 1973년 선거에 참가하여 득표율 15.9%로 단번에 제2의 당이 되었다. 그리고 그것은 기성정당을 비판하며 타협을 거부하고, 무거운 세 부담을 강하게 비판하면서 발전하여 많은 주목을 받았다. 진보당은 유럽 여러 국가들 가운데서도 아주 일찍이 그리고 빠르게 발전한 포퓰리즘 정당이다.

그들은 소득세의 감세나 규제완화를 중심으로 주장하였으며, 국가의 역할을 축소하여 시장에 맡기자는 입장이었다. 말하자면 신자유주의를 기본으로 하였다. 다른 한편으로, 극우로부터 출발한 포퓰리즘에서 가끔 보이는, 내셔널리즘이나 권위주의의 요소는 엷었다. 진보당은 세금 부담 경감을 요구하는 입장으로 오히려 국방비의 대폭적인 삭감을 주장하였으며, "소련이 공격해 오면 국민은 도망간다"고 설명할 정도였다.

진보당의 약진 배경으로 이 시기 덴마크 정치에서 기성정치 간 거리가 좁혀졌기 때문이다. 전후 덴마크에서 다른 북유럽 여러 국가와 똑같이 사회민주주의 정당이 중심이 되어 복지국가 건설을 진행하였지만, 1968년 보수정권으로 정권교체가 실현되자 보수정권도 증세에 의한 복지국가의 확대를 인정하는 입장으로 전환하였다. 그 결과 좌우의 유력 정당은 복지국가의 건설을 지지하는 방향에서 일치하면서 차별화가 보이지 않게 되었다.

진보당은 이것에 이의를 제기하였다. 세금 부담에 강하게 반발한 진보당은 복지국가의 혜택이 미치기 어려운 자영업자 등 옛 중간층의 지지를 얻는 데 성공하였다. 여전히 노르웨이에서도 1965년 성립한 보수정권이 사회보장을 확대하여 재정지출을 증대시키는 정책을 전개하였다. 이러한 것이 70년대 포퓰리즘적인 정당의 성립과 의석 획득의 요인이 되었다.

그러나 1980년대 진보당에 대한 지지는 약해졌다. 기성정당도 세출의 억제에 노력하고, 사회보장비 삭감 등 개혁을 실시하자 진보당의 존재는 흔들렸다. 나아가 1984~87년 글리스트럽이 탈세로 수감되자 진보당은 혼란에 빠졌다. 여기서 글리스트럽을 대신해 지도자에 취임한 여성이 1984년 처음 당선된 피아 케어스고르(Pia Kjærsgaard)였다.

그동안 신자유주의적인 반복지국가를 주장해 온 진보당은 간호사 경력을 가진 케어스고르 아래서 그러한 정책들은 자취를 감추었다. 오히려 의료나 연금, 개호 등의 분야에서 사회보장을 중시하는 방향으로 전환해 갔다. 또한 이때부터 진보당은 이민·난민문제를 다루면서 난민을 받아들이는 것은 재정 부담이 된다는 논리로 난민의 유입을 비판하는 등 복지배외주의 주장을 전개하게 되었다.

그러나 노선전환에 대한 당내의 반발은 강했으며, 케어스고르의 지도력 확립은 어려웠다. 석방된 글리스트럽의 복권은 저지하였으나, 글리스트럽으로부터 시작된 반복지국가 노선과의 대립을 극복하지 못하였다. 그리고 이어서 케어스고르나 그 동료들은 1995년 진보당을 탈당하여 덴마크 국민당을 결성하였다.

덴마크 국민당의 신장과 이민정책

이렇게 설립된 덴마크 국민당은 반이민을 전면에 내세우고, 그 위에 당내의 결속을 확보하면서 지지를 착실히 굳혀 갔다. 덴마크 국민당은 일찍이 2001년 선거에서 득표율이 12%에 이르렀고, 그 이후도 선거 때마다 득표율은 10%를 넘겼다. 특히 2001년 이후 내각 외 협력이라는 형태로 보수정권에 협력하여, 정책에 영향을 주었다는 점에서, 유럽 가운데서도 두드러졌다. 2014년 유럽연합 의회선거(제7장 참고)에서 득표율은 26.6%로 주요 정당을 압도하여 제1당이 되었다.

그리고 2015년 총선거에서 마침내 덴마크 국민당의 득표율은 21%에 이르렀다. 이 당은 보수정권에서 내각 외 협력을 하면서 동시에 케어스고르를 국회의장으로 선출하는 데 성공하였다. 이민이나 난민을 둘러싼 문제가 선거전에서 중요한 주제로 논의되는 가운데, 이민·난민정책의 엄격화를 확실히 주장하는 덴마크 국민당은 특히 젊은 세대로부터 지지를 받았다.

이미 덴마크 국민당이 내각 외 협력을 시작한 2001년 이후, 덴마크의 이민이나 난민 정책은 억제의 방향으로 전환하였다. 덴마크로 이주하는 데 여러 가지 제약이 가해지고, 덴마크어의 학습이나 역사·문화에 대한 이해가 요구되는 이외에 사회보장 급여에 대한 접근도 제한되었다. 외국인과의 결혼도 연령제한을 실시하는 등 제약이 만들어졌다. 그리고 덴마크 정부는 2011년 발행 보고서에서 다음과 같이 주장하였다. 먼저, 비서양계의 이민이 재정적으로 커다란 부담을 주는 한편, 서양계 이민은 오히려 공헌도 쪽이 높다고 설명하였다. 그리고 2001년 이래 이민 규제의 강화로 과거 10년간 67억 유로 상당의 비용을 절약하고, 그 정도를 사회보장이나 주택에 충당할 수 있었다고 주장하고 있다.

2000년 1만 명을 넘었던 난민 신청자 수는 2001년 이후 급속하게 감소하고, 10년 후 2011년 약 3,600명에 머물렀다(덴마크 통계국의 데이터에서 산출). 2010년 중반 시리아 등으로부터 유럽으로 대량 난민이 들어옴으로써 덴마크에서 난민 신청도 크게 증가하였지만, 이러한 상황을 맞이한 덴마크에서는 2016년 난민 신청자가 일정액의 금품을 소지하고 있는 경우, 그것을 징수하여 보호 비용으로 충당한다는 법안을 가결하였다. 이 법안 가결은 외국에서도 크게 보도되어 국제적인 비판을 받았다. 100만 명 규모의 난민을 받아들인 독일과 차이는 분명했다.

이러한 이민·난민정책의 엄격화를 지지한 것은, 덴마크 국민당에 의한 이슬람 비판이었으며, '전체주의'나 여성차별은 규탄되었다. 2016년 소속의원이 이슬람 여러 국가로부터 이민을 금지하여야 한다고 말하여 물의를 일으키기도 하였다.

덴마크에 이슬람 비판에 대한 이러한 '해석'이 있었던 배경에는, 최근 일련의 사건도 있었다. 덴마크에서 2005년 어떤 신문이 이슬람의 예언자 무하마드를 풍자만화로 그렸다. 그 만화는 국내외 이슬람교도나 이슬람 여러 국가로부터 많은 비판을 받으면서 국제문제가 되었다. 각국 덴마크 대사관 앞에서 항의데모가 열리고, 덴마크 국기가 불타고, 덴마크 제품의 불매 운동이 전개되었다. 파키스탄의 이슬라마바드에 있는 덴마크 대사관에서 자폭테러가 발생하였다. 이 사건과 관련된 사망자의 수는 130명이 넘었다고 한다.

포퓰리즘 정당을 지지할 것인가의 문제와는 별도로, 언론의 자유를 중요시 여기는 덴마크에는 '이슬람을 비판할 수 있는 자유' 그 자체에 대한 광범위한 지지가 있었다. 그러므로 '리버럴'한 가치를 전제로 테러를 비난하고, 이슬람 문제점을 주장하고 이민·난민 제한을 주장하는 덴마크 국민당의 주장은 간접적으로 받아들이는 원인이었다고 말할 수 있을 것이다.

네덜란드의 관용적인 이민정책

덴마크와 똑같이, 이민과 난민 문제에 관용적이고 '리버럴'한 국가이며, 수준 높은 복지국가 모델인 네덜란드에서도, 21세기 접어들어 포퓰리즘 정당이 생기고 정책전환을 주도하였다. 2005년 국민투표에서 포퓰리즘 세력은 유럽 헌법조약 부결에 찬성하고, EU 통합에 제동을 걸었다. 이러한 포퓰리즘 흐름의 발화점이 된 것은 핌 포르퇴인(Pim Fortuyn)의 등장과 그의 사망이었다.

2002년 5월 총선거 직전 스스로 이름을 붙인 포퓰리즘 신당의 당대표로 전례 없는 주목을 받았고, 각 지역의 유세나 미디어에 출연하여 열심히 뛰어다닌 포르퇴인은 네덜란드 중부의 도시 힐베르쉼(Hilversum)에서 총탄을 맞고 억울한 죽음을 당했다. 그러나 남겨진 포르퇴인 당은 선거에 그대로 참가하기로 결정하고, 득표율 17%로 제2의 당으로 약진하였다. 중도보수의 연립정권에 참여한 포르퇴인 당은 이민·난민정책을 많이 엄격하게 하고, 치안강화를 비롯하여 정책전환에 많은 영향을 미쳤다. 이후 네덜란드에서 포르퇴인 당은 연립 정권을 탈퇴한 후에도 변함없이 이민·난민정책의 엄격화를 계속 고수하였다. 포르퇴인을 둘러싼 극적인 전개는 지금에 이르기까지 네덜란드의 포퓰리즘 시대의 개막을 알리게 되었다.

네덜란드에서 왜 이민 문제가 논쟁이 되었는가? 원래 20세기 중반부터 이민을 폭넓게 받아들여 온 네덜란드에서 외국에 뿌리를 둔 주민은 현재 인구의 20%에 이르고 있다. 1950년대 이후 경제성장이 지속되는 가운데 노동력이 매우 부족하였기 때문에, 정부는 적극적으로 남유럽 여러 국가, 그 다음에 터키나 모로코 등으로부터 많은 노동자를 초청해 왔다. 석유위기 후에도 가족 초청 등을 통하여 이민 유입이 계속되었고, 터키계, 모로코계, 수

리남계 등의 에스닉 집단은 각각 수십만 명 규모에 이르렀다.

이러한 이민의 증가에 대해, 21세기 초까지 네덜란드에서 대체로 '관용'적인 정책 대응이 취해졌다. 그러한 정책의 상징은 다문화주의이며, 공적 보조에 의한 이슬람계·힌두계의 초중학교의 설립, 이민의 모국어를 활용한 2개 언어교육 등을 통해, 이민의 문화적 정체성 유지가 존중되었다. 또한 복지제도도 이민자들에게 접근을 폭넓게 인정하여 복지급여나 공공주택 입주 등이 보장되었다. 1998년까지 불법체류로 여겨진 외국인에게도 공적부조의 수급을 인정해 온 것은 특별히 평가할 만하다. 난민 인정도 대체로 완화되고 1990년대 매년 수만 명의 난민신청자가 네덜란드에 입국하였다.

'계몽주의적 배외주의'

이러한 이민·난민 증가를 배경으로, 1990년대 후반 이후 특히 이슬람의 '문제점'을 지적하며 주목을 받은 것은 포르퇴인이다. 포르퇴인은 원래 좌익의 사회학 연구자이며, 사회민주주의 정당인 노동당의 활동가이기도 하였다. 그러나 후에 그는 노동당을 탈당하여 전향하였다. 그리고 우파의 논객으로 칼럼을 집필하고 책을 간행하고 매스컴에 출연하는 등 활발히 활동하였다.

포르퇴인은 이슬람을 '후진적'이라고 단정하고, 서양문명과 본질적으로 다른 공존 불가능한 종교로 평가하였다. 이슬람은 근대 서양이 실현해 온 정교분리, 남녀평등과 같은 여러 가치를 받아들이지 않고, 오히려 이슬람 이민이 유럽으로 들어옴으로써 서양적 가치가 계속 침식당하고 있다고 생각하였다. 그는 이와 같이 설명하면서 이민이 안고 있는 사회 통합의 어려움, 범죄, 실업과 같은 문제를 포함하여 단호한 대응을 취해야만 한다고 주장하였다.

말하자면 그는 인종차별·민족차별에 기초한 이슬람 이민을 비판하는 것이 아니라, 어디까지나 서양적 가치 계몽주의의 이념에 의한 보편적 가치를 칭찬한 다음, 이슬람이 '후진적'이라고 비판하였다. 인권이나 자유, 남녀평등과 같은 근대적 가치에 근거를 두고, 이슬람을 비판하는 논리를 취하였으므로, 극우나 배외적 내셔널리즘과 확실히 거리를 두었다. 그러므로 그는 스스로 동성애자라는 사실을 공언하면서, 게다가 동성애자를 박해하고 여성차별을 인정하는 이슬람은 인정하지 않는다고 주장하였다. 말하자면 '계몽주의적 배외주의'라고 부를 수 있는 주장이며, '극우'에 동의지 않더라도, 이 주장에 찬성할 수 있는 시민층의 지지를 위해 길을 열어 놓았다.

핌 포르퇴인의 충격

다만 포르퇴인은 2002년 총선거를 앞두고, 몇 해 전부터 주장해 온 이슬람에 대한 비판을 약간 자제하였다. 왜냐하면 먼저, 지금까지 이민문제가 '금기시'되는 가운데, 이슬람에 대한 비판으로 매스컴이나 다른 당으로부터 배외주의적 극우정당과 동일시될 위험이 있었다. 그리고 무엇보다도 그는 1994년 이래 계속되어 온 대연립 정권에 대한 유권자들의 거친 불만을 민감하게 느꼈기 때문이다. 그래서 포르퇴인은 오히려 기성정치와 기성정당에 대한 비판을 전면에 내세우는 운동을 전개하였다.

1994년 네덜란드에서 오랫동안 정권의 중심 역할을 해온 중도보수 정당인 기독교민주당(Christian Democratic Appeal)이 선거에서 대패하고 정권에서 물러났다. 그리고 전통적으로 좌우의 양 세력을 대표해 온 노동당, 자유민주인민당 및 중도좌파의 민주66 등 3당 연립정권이 성립하였다. 노동당의 빔 코크(Wim Kok)를 총리로 하는 이 정권은 사회경제상의 다양한 개혁을 실행하며, 실업률의 하락과 같은 성과도 냈다. 이 시기의 '네덜란드 모델'은 국제적으로 유명해졌으며 일본에도 알려질 정도였다.

그러나 그 뒷모습에서는 전례 없이 높은 정치 불신도 생겼다. 그때까지 상호비판하고 연립을 배제해 온 좌우의 2대 기성정당이 손을 잡고, 종래의 주장과 다른 정권을 추진한 것이다. 그 결라 그들은 선거에서 유권자로부터 선택지를 상실시키면서 환멸을 불러일으켰다.

포르퇴인은 이러한 '야합'을 정면으로 비판하고, 정치 엘리트를 모두 한데 묶어 '헤이그의 과두계급'이라 부르며 무시하였다. 그는 네덜란드 주민 가운데 얼마 안 되는 정당의 당원이 주요직을 독점하고 있는 것은 '재능의 낭비'이며, '민주주의에 대한 모욕적인 표현'이라 주장했다. 그는 이러한 불투명한 정치의 개혁을 위하여, 시장공선제나 총리공선제 도입을 주장하였다. 매스컴은 기성정치가와 확실히 다른 주장과 스타일을 선택한 포르퇴인에게 예전과 달리 주목하였고, 무당파층(특히 도시지역의 남성·젊은층)을 중심으로 강한 지지를 받았다.

5월 6일 포르퇴인 저격사건을 거쳐 5월 15일 실시된 총선거에서, 연립여당은 합계 97석 중 43석을 잃고 역사적인 대패를 겪었다. 제2당이 된 포르퇴인 당은 제1당인 기독교민주당(Christian Democratic Appeal) 등과 연립을 성사시켜 부총리를 비롯하여 각료를 내고, 이민·난민정책의 전환을 유지해 갔다. 다만 카리스마적인 지도자를 잃은 포르퇴인 당은 이후 내분이 계속되고 연립 정권을 탈퇴하면서 최종적으로 당을 해체하였다.

그러나 이민 문제라는 '금기'를 깨고, 게다가 기성정치 비판을 내걸고 열렬한 지지를 받은 포르퇴인 당의 약진은 '포르퇴인의 충격'으로 지금도 네덜란드의 정치·사회에 깊이 각인되어 있다.

그리고 포르퇴인 이후 비슷한 포퓰리즘 정당이 이어서 등장하고, 기성정치 비판과 반이슬람을 경쟁시키고 있다. 이 포퓰리즘 정당의 경합을 뛰어넘어 명실상부하게 포르퇴인의 유지를 계승하여, 지금도 국제적으로 잘 알려진 인물이 헤이르트 빌더르스(Geert Wilders)이다.

헤이르트 빌더르스의 등장

빌더르스는 1963년 네덜란드 남부의 림뷔르흐(Limburg) 주 펜로(Venlo)라는 작은 도시에서 태어났다. 펜로는 독일 국경에 가까운 곳에 위치하고 있고, 독일어가 일상적으로 귀에 들리는 마을이다. 펜로가 속한 림뷔르흐 주도 네덜란드 중심과는 다른 독자적인 남부 문화나 기풍, 방언을 가진 지방으로 알려져 있다. 또한 빌더르스의 어머니는 전 식민지인 동인도(현재의 인도네시아) 출신이었지만, 이 동인도 출신자들도 네덜란드 사회에서 약간 독자적인 위치를 차지하고 있는 집단이었다.

이와 같이 빌더르스를 둘러싼 환경은 네덜란드 사회의 주류와 이질적인 것이었다. 그는 대학과 같은 고등교육기관을 졸업하지 않았다. 그러나 정치 엘리트들과 거의 다른 경력을 가진 빌더르스는, 그 이후 이러한 환경이 정치적 인격 형성에 일정한 역할을 하였다는 견해도 있다. 림뷔르흐 주는 지금까지 빌더르스에게 강력한 지지기반을 제공하였다. 후에 반이슬람의 기수가 된 빌더르스가 중동이나 이슬람, 이스라엘을 둘러싼 문제에 관심을 갖게 된 것은 10대 후반 이스라엘에 장기 체류한 경험이 계기가 되었다고 한다. 그는 키부츠(이스라엘 독자적인 촌락)에 살면서 빵공장에서 노동 경험을 쌓음과 동시에, 중동을 여행하면서 적극적으로 견문을 넓혔다. 그 여행을 통하여 이슬람 여러 국가의 생활수준의 낮음과 문제점을 실감하였다. 그 이후 중동지역은 빌더르스의 중요한 관심의 목표였으며, 특히 이스라엘은 '제2의 조국'으로 생각하며 수십 차례 방문하였다.

1990년 빌더르스는 보수계의 자유주의 정당인 자유민주인민당의 정책 스태프로 채용되었다. 그는 열심히 공부하여 각종 정책을 이해하고, 그 능력을 인정받아 1998년 하원의원으로 당선되었다. 당선 후에도 휴일도 없이 의정활동에 몰두하고, 특히 의회 운영에 대한 해박한 지식을 얻었다. 그때 지식과 경험이 자유당을 설립하고, 운영할 때 크게 도움이 되었다는 것은 말할 필요도 없다. 또한 1999년 그는 이슬람 급진파의 위험성을 지적하는 보고서를 작성하였으며, 이것은 2001년 9월 동시 다발 테러 이후 이슬람 과격파에 의한 테러를 예언한 것으로 주목되었다.

그러나 보수계라고 하지만, 기성정당의 한 부분을 담당한 자유민주인민당은 이슬람과 이민 문제에 적극적이지 않았으므로, 이슬람 비판을 강화하는 빌더르스는 당 집행부와 의견 대립이

깊어져 갔다. 그리고 터키의 EU 가맹 문제를 둘러싸고 양자는 끝내 이견을 좁히지 못해 갈라서고, 빌더르스는 당을 떠나 개인 당인 '빌더르스당'을 설립하였다.

유럽 헌법조약을 국민투표에서 부결

빌더르스당이 갑자기 주목을 받은 것은 2005년 실시된 유럽 헌법조약의 비준을 둘러싼 국민투표였다. 헌법조약에 대해서는 주요 정당이 거의 지지로 돌아섰고, 하원 총의석의 80% 의원이 찬성하였다. 반대는 빌더르스당과 좌파 소규모 정당인 사회당 등 극히 일부에 머물렀다. 그 때문에 당초 국민투표에서 비준은 당연한 것으로 여겨졌다.

그러나 매스컴에 빈번히 등장하여 반대의 논리를 펼친 빌더르스는 EU의 거대화·관료화에 대한 문제점을 지적하고, 터키의 EU 가맹은 위협이라고 호소하였다. EU의 정책에 따라가는 네덜란드의 정치 엘리트를 비판하면서 그의 주장을 넓게 침투시켰다. 국민투표 결과 비준 반대표는 60%에 이르렀고, 네덜란드에서 정치엘리트와 국민의 거리감이 현저하게 드러났다. 그리고 네덜란드의 비준 부결은 프랑스의 국민투표의 부결과 어우러져 유럽 헌법조약을 사장시켰다.

원래 현대 네덜란드 역사에서 처음인 이 국민투표는, 포르퇴인 이후 높아져 가는 기성정치에 대한 불신을 배경으로, 시민의 의향을 존중하는 정치를 모색하는 가운데 네덜란드 정부가 실시한 것이었다. 비준을 투표로 승인하면서, 네덜란드 정치와 EU에 대한 신뢰를 회복시키기 위한 것이 목적이었다. 그러나 국민투표가 빌더르스에게 활약의 무대를 제공하고, 강력한 포퓰리즘 정당의 출현을 도와주게 된 것은 아이러니다.

국민투표의 승리에서 자신감을 얻은 빌더르스는 2006년 자유당을 설립하였다. 같은 해 총선거에서 득표율 5.9%로 9석(하원 총의석수 150석)을 획득하고, 본격적으로 의회에 진출하였다. 이후 2010년 선거에서 24석(득표율 15.5%)에서, 2012년 선거에서 15석(득표율 10.1%)으로 변화하였지만, 2010년대 중반 이후 프랑스 등 유럽 각국에서 이슬람 과격파에 의해 계속되는 테러를 배경으로 지지율은 훨씬 높아졌으며, 여론조사에서 보면 제1당이 되는 경우도 가끔 있었다.

특히 2010년 선거후 성립한 자유민주인민당의 마르크 뤼터(Mark Rutte) 총리의 연립정권에서 자유당은 내각 외 협력을 하였다. 이 선거에서 빌더르스의 옛 자유민주인민당이 제1당이 되었기 때문에 뤼터를 축으로 연립정권이 구상되었지만, 선거에서 제3당이 된 자유당의 존재를 무시하기 어려웠고, 최종적으로 자유당은 내각 외 협력의 협력정권 성립에 힘을 빌려주는 것으로 결론지었다. 또한 앞서 설명한 것처럼, 덴마크에서도 포퓰리즘 정당은 내각 외 협력으로 보수계의 정권을 지지하고 있다는 점에서 양국의 포퓰리즘 정당의 행동 패턴은 아주 비슷하다.

'자유의 옹호자'로서

빌더르스의 주장에서 눈에 띄는 것은 철저한 이슬람 비판이다. 그는 '자유'를 지상의 가치로 여기고, 서양문명이 승리해 온 '자유'의 옹호를 전면에 내걸고 그 '자유'를 위협하는 존재로 이슬람을 비판하였다. 그는 "이슬람화를 저지하지 않으면…… 우리들은 스스로 모든 자유를 잃어버릴 것이다"라고 말하였다. 특히 '관용으로 리버럴한' 전통을 지켜 온 네덜란드에서 '불관용'적인 이슬람의 침투는 중대한 위협이 되고 있다. 이상의 인식에 입각하여 빌더르스는 '이슬람판 『나의 투쟁』'이라고 부르는 코란의 금지, 머리 스카프에 대한 과세, 부르카(이슬람교도의 여성이 착용하는 머리에서 발목까지 전신을 싸감는 복장)의 금지를 비롯하여 급진적인 정책을 주장하였다.

2012년 그는 『살해의 표적이 되고……서양 문명과 나에 의한 이슬람과의 투쟁』이라는 제목의 책을 출판하였지만, 이 제목이 적절하게 보여 주는 것처럼, 빌더르스는 서양 문명의 기본적 가치를 지키기 위하여, 죽음을 마다않고 이슬람과의 싸움에 몸을 던지는 영웅적인 존재로 스스로를 자리매김하였다.

이슬람에 대한 비판과 병행하여 기성정치에 대한 비판도 매우 엄격하였다. 빌더르스는 네덜란드 정치 엘리트를 '비겁한 겁쟁이들'이라고 단정하고, 동질적인 사람들이 권력을 번갈아 가며 독점해 왔다고 비판하였다. 그 결과 네덜란드의 진정한 문제 해결이 되지 않고 있다고 주장한다. 그는 의회에서도 기탄없이 각료나 의원에게 '겁쟁이들', '촌놈', '집지키는 개' 등과 같은 비난을 거침없이 내뱉었다,

이러한 그의 발언이나 태도에 대해, 다른 정치인들은 "의회에 직설적인 말과 스타일을 가지고 들어왔다"고 비판하였다. 그러나 다른 한편 이러한 '금기를 깨는' 이슬람에 대한 비판, 정치 엘리트에 대한 스스럼없는 비판 등에 대해, 강한 지지를 보내는 유권자도 적지 않았다.

지금까지의 연구에서는, 자유당 지지자는 이민 문제에 덧붙여, '정치의 불투명'에 대한 불만이 많고, 기존의 정치가를 '자기 이익추구에 전념하는 존재'로 보는 경향이 강하다고 지적하였다. 그 때문에 이민 문제를 비롯하여 중요한 문제를 해결하려고 노력하고, 기성정치를 비판하는 빌더르스에게 '기대'를 가졌다. 그럼에도 불구하고 종래의 정치가처럼 엘리트 코스를 밟지 않고, 다양한 의미에서 '아웃사이더'적 존재인 빌더르스는 '시민'의 마음을 헤아리고, 그것을 직접 정치의 장에서 부딪쳐 변혁을 가져오는 존재로 기대되었다.

의원들의 특징

다만 빌더르스는 출신이나 경력이 '아웃사이더' 그 자체였으며, 그가 조잡한 언어를 의회에 가지고 들어왔다 하더라도, 그와 자유당 의원들을 아마추어 집단이라고 부르지 못한다. 20대부터 의원 보좌관으로 정치활동을 시작한 빌더르스는 열심히 공부하여 입법 절차에서부터 정책내용에 이르기까지 해박한 지식을 몸에 익히고, 자유당의 의정활동에서 적극적으로 능력을 발휘하였다. 자유당은 의회 참가 후 동의(動議) 제출, 긴급심의 요구, 각료의 불신임안 제출 등 활발한 의정활동으로 주목을 받았다.

또한 빌더르스는 자기 당 의원의 자질을 유지하는 데 세심한 주의를 기울였다. 초기에는 선거에 출마하는 후보자를 전원 면접을 보고 선별하고, 극우계의 지망자를 배제한 뒤, 능력과 충성심이 있는 인물을 신중하게 선발하였다. 결과적으로 경찰이나 군, 사법, 교육 등 공공부문 출신자가 많이 선정됨으로써, 미리 일정한 정책에 관한 지식을 겸비한 후보자들이 준비되었다. 나아가 선발된 후보자들은 사전에 연수를 받도록 하였으며, 매주 토요일 빌더르스가 강의를 담당하였다. 이 강의에서 회의의 방법, 토론 기술, 매스컴 대응, 의회의 룰 등 정치가에게 필요한 다양한 지식이 전수되었다. 그리고 그 이외 후보자로 동료의식도 갖게 되고 후보자들은 당내 용어에도 정통할 수 있었다.

그 결과 당선 후 자유당 의원단은 당초부터 굳은 결속과 정책에 관한 지식을 겸비한 집단으로 의회에서 자세를 보이고, 적극적인 의정활동을 전개할 수 있었다. 자유당 의원의 자질이 대체로 높은 것은 다른 당에서도 인정할 정도였다.

'1인 정당'이라는 독자 모델

또한 특히 자유당에서 주목된 것은 정당의 구조, 구체적으로 자유당은 철저한 1인 정당이라는 점이다. 그 점에서 자유당은 국제적으로도 예를 볼 수 없는 독특한 정당이었다. 네덜란드 정치학자 코엔 보센(Koen Vossen)은 자유당의 당 조직에 대해 상세한 연구를 하고, 그 독자적인 구조를 명확히 밝혔다.

자유당의 정식 당원은 지금까지 빌더르스 한 명뿐이었다. 당설립 이후 자신 이외의 입당배제를 선언함으로써, 당원은 1인 상태가 지속되고 있었다. 그 때문에 당 대회나 당 지부 등의 공적 조직은 전혀 존재하지 않았고, 당원 집회나 기관지도 없었다. 지원자는 자원봉사자로 선거에 협력하기도 하고 '자유당 친구의 모임'에 기부할 수 있지만, 입당하는 것은 제도상으로 어렵고, 당의 인사나 정책에 영향을 미치지도 못하였다.

실제로 자유당의 후보자나 의원은 국가나 지방에 다수 존재하였고, 자유당의 이름에 편승하는 모임(會派)은 각 의회에 설립되었다. 또한 당 본부에 직원은 있었다. 그러나 이들 의원이나 직원은 어느 쪽도 당원이 아니라, 공식 권력은 빌더르스만 가지고 있었다.

빌더르스의 신임이 두터운 유력 의원 마틴 보스마(Martin Bosma)는 자유당의 방법을 '미래의 정당 모델'이라고 스스로 칭찬하였다. 보스마에 의하면, "인터넷이 발달한 현대에 시민과 직접 소통을 하고, 그 의견을 잘 듣고 반영할 수 있으며, 당원이나 당지부와 같은 중간적 존재는 무용지물이다. 당 조직을 만드는 것은 오히려 자유당의 관료제화나 경직화를 초래할 위험이 있다. 자유당이 제시하는 정당 모델, 즉 당원 부재의 '버추얼 정당'만이 '네덜란드에서 최초의 근대적 정당'이며, 앞으로 다른 정당도 본받아야 할 모델"이라고 말하였다.

실제 빌더르스 자신도 인터넷을 적극적으로 활용하고 트위터 등에서 정보발신을 계속하며, '시민과 소통'을 실천해 갔다. 기본적으로 네덜란드어로 발신하는 그의 트위터를 읽는 네덜란드인이 많을 것으로 추정되지만, 인구가 1,600만 명 정도의 네덜란드에서 70만 명의 독자(팔로워)를 갖는 강력한 영향력은 상상할 수 있다.

다만 '1인 정당'은 정당 보조금을 받을 수 없다는 불이익도 있었다. 네덜란드에서 당원 1,000명을 조직하는 것이 정당보조금의 조건으로 되어 있으며, 그 때문에 자유당은 의원의 급여나 의회 활동비 등을 별도로 하면, 국가로부터 보조금을 받지 못한다. 그러므로 당의 재정은 기부에 의지하지 않으면 안 되었다.

그러나 당 조직이 공식으로 존재하지 않기 때문에, 당을 유지하기 위한 비용도 적었다. 무엇보다도 매스컴이 빌더르스와 자유당을 끊임없이 다루어 주므로, 선거에서 홍보비용을 적게 들이고 해결할 수 있었다. 보센의 표현을 빌리면 자유당은 매스컴이라는 '무료의 광고수단'을 가지고 있었다. 그때뿐인 '1인 정당'은 생각보다 싸게 먹히는 정당이라고도 말한다. 빌더르스는 정당보조금을 받는 정당을 "국가로부터 주사약을 맞아 옆으로 누운 것과 같다"고 비판하였다.

하지만, 빌더르스에 의한 당내 권력의 독점에 대한 반발도 생겼다. 예를 들면 자유당 의원이었던 히어로 브링크만(Hero Brinkman)은 당내 민주화를 내걸고, 당원의 가입을 인정해야만 한다고 주장하면서 빌더르스에게 반기를 들었다. 그러나 지지자가 모이지 않아 브링크만은 자유당을 떠났다. 또한 그것과 별개로 전 주의회 의원 후보자였던 기 바커(Oege Bakker) 등 당내 민주화와 당원 가입을 요구하는 비판 그룹이 모여, 2011년 '자유당 협회'를 결성하려는 움직임도 있었다. 이 협회에 당원을 희망하는 자유당 지지자를 '회원'으로 적극적으로 받아들여, 자유당에 당원 가입을 인정해야 한다는 압력을 가하려 하였다. 그러나 이 자유당 협회에 회원으로 가입한 것은 30명 정도에 불과하여, 시도는 완전히 좌절하였다. 그것을 인정한 바커는 자유당 지지자는 당원 조직에 관심이 없고, 당내에서 정치적 논의를 할 필요성을 느끼지 않아 백기를 들었다. "빌더르스 1인의 정당으로 자유당을 유지한다는 빌더르스의 결정은 올바른 것이었다"라고 바커는 후에 술회하였다.

'리버럴 지하드'

앞에서 설명한 것처럼, 덴마크와 네덜란드는 선진적인 개혁을 추진하는 국가의 모델로 여겨져 주목을 받았다. 두 국가는 민주주의에 대한 국민의 신뢰가 확고하고, 시민적 자유나 인권보장, 복지의 충실 등은 국제적으로 최고 수준이다. 게다가 두 국가는 높은 경제적 경쟁력과 양립하고 있으며, 첨단 산업 개발을 실행하여 국제적 우위를 유지하고 있다.

그러나 두 국가에서 발달한 포퓰리즘 정당은 '극우'와 확실히 선을 그어, 폭넓은 지지를 얻었다. 그들은 민주주의나 자유·인권·남녀평등과 같은 근대적 가치를 전면적으로 승인한 다음, 그것을 역으로 이용하는 형태로 이슬람을 비판하고, '후진성'을 비난하였다. 포퓰리즘 정당은 반민주적·인종차별적 이데올로기에 입각하여 이민을 배제하는 것이 아니라, '리버럴'한 가치를 지키면서 '민주주의를 지키고' 있으므로, 이슬람계 이민을 배제한다는 논리를 취하고 있다. 그리고 빌더르스는 '리버럴 지하드'라고 부르는 싸움에 도전할 것을 주장하였다. 또한 포르퇴인이 동성애나 임신중절의 권리를 적극적으로 옹호하고, 마약이나 안락사도 인정하고 있는 것처럼, 네덜란드 북유럽에서는 '리버럴'뿐만 아니라 리버테리언(자유지상추의)적인 가치를 옹호함으로써, 이슬람을 비판한다는 논리도 효과적이었다.

말하자면 '포스트 근대사회'에서 배제를 정당화하는 '리버럴'한 논리를, 이들 환경·복지 선진국의 포퓰리즘 정당이 제공하고, 그것이 중요한 흐름이 되고 있다고 말할 수 있지 않을까? 서양의 '리버럴'은 지금 그 내재적인 어려움에 직면하고 있다고 말할 수 있다.

제5장

국민투표의
패러독스: 스위스는
이상 국가인가?

'지렛대'로서의 국민투표

앞 장에서 설명한 것처럼, 최근 유럽에서 근대 서구가 육성해 온 '리버럴'한 가치관이 '반전(反轉)'하면서, 오히려 강한 '반이슬람'의 이론적 근거를 제공하고 있다.

이 장에서는 '리버럴'과 함께 근대 유럽이 육성해 온 또 하나의 정치적 가치인 '민주주의'에 주의를 기울일 것이다. 스위스에서 제도화된 국민투표에 의해 '민중에 의한 지배'를 어원으로 민주주의의 논리가 궁극적으로 표현되었으며, 국민투표제를 지렛대로 포퓰리즘 정당이 발전하였다는 것을 설명할 것이다. 스위스에서 국민투표는 소수자에 의한 폐쇄적인 의사결정을 타파하고 있다. 또한 그것은 국민에게 결정권을 위임하여 지금 포퓰리즘 정당의 중요한 정치적 자산이 되고 있으며, 정치의 향방을 크게 좌우하고 있다.

최근 주민투표나 국민투표가 화제가 되었다. 2016년 EU 탈퇴를 둘러싼 영국의 국민투표는 세계의 주목을 받았지만, 영국에서 2014년 스코틀랜드 독립의 찬반을 묻는 주민투표가 실시되었으며 독립이 부결되었다. 또한 같은 EU 내 그리스에서 2015년 EU가 요구하는 긴축재정을 받아들이는 문제에 찬반의 국민투표를 실시하여 압도적 다수가 '반대'하였다.

일본에서도 최근 헌법 개정을 둘러싸고 국민투표 논의가 제기되었다. 또한 2015년 5월 오사카시에서 하시모토 도루 시장이 이끄는 '유신'이 추진하는 오사카도 구상의 찬·반을 둘러싸고, 주민투표가 실시되었다(정식으로는 2012년 제정의 대도시 지역특별구 설치법에 입각하여). 그리고 도(都) 구상이 50.4%라는 반대로 부결되자 하시모토는 시장직에서 물러났다. 국민투표나 주민투표는 정말로 국가나 지역의 장래를 결정하는 중요한 역할을 하게 되었다.

물론 국민투표나 주민투표가 필연적으로 포퓰리즘과 연계되는 것은 아니다. 그러나 국민투표나 주민투표가 최근 많이 사용되게 된 배경에 대하여, 정치학자 마치도리 사토시(待鳥聰史)는 『대의제 민주주의』에서 행정이나 의회에 대한 불신이 높아져 가고 있다고 지적하고 있다. 그리고 기성 정치가나 정당, 구태의연한 관료조직에 결정을 위임할 것이 아니라, 투표를 통해 국민·시민이 직접 의사결정에 참가해야 한다고 주장한다. 국민투표·주민투표를 요구하는 주장은 기성정치를 비판하면서, 기득권을 비판하는 포퓰리즘 정당의 주장과 공통의 뿌리를 가지고 있으므로 부정할 수 없다.

실제 현재 유럽에서 포퓰리즘 정당은 각국에서 정치 엘리트를 넘어 국민투표를 통해 의사를 결정하려 한다면, 결과적으로 그것은 포퓰리즘이 바라는 것과 일치한다. 제1장에서 설명한 것처럼 국민투표를 추진하는 포퓰리즘 정당은, 스스로를 '진정한 민주주의'의 담당자라고 부를 수 있을 것이다.

'흰 양'과 '검은 양'

　그러면 2007년 스위스 국민의회 선거에 사용된 선거 포스터를 보자. 이 포스터는 '안전을 확보하자'는 표어와 함께, 스위스 국기 위에 흰 양이 검은 양의 엉덩이를 차서 국가 밖으로 내쫓는 내용이었다. 선거 포스터의 의미는 '양'이라는 스위스를 상징하는 동물을 사용하면서, 외국인을 사회불안이나 범죄와 관련시킨 뒤, 그들을 스위스에서 배제하려는 것이다. 이러한 주장이 들어간 것은 보는 사람에게 명확하였다. 게다가 흰 양 3마리, 검은 양 1마리라는 구도는 인구의 약 4분의 1에 가까운 사람들이 외국인이라는 스위스의 현상을 의식하여 배치한 것이다.

문제가 된 포스터를 제작한 것은 스위스 국민당(독일어로 SVP/프랑스어로 UDC)이다. 1971년 결성되고, 약간 검소한 정당으로 국민 제4당으로 만족해 온 국민당은 1990년대 접어들면서 반이민·반외국인정책을 내걸고 기성정치를 비판하는 우파 포퓰리즘 정당으로 방향을 바꾸고 빠르게 지지를 얻었다.

그리고 이 포스터를 붙인 2007년 선거에서 국민당은 제1당이 되고, 게다가 득표율 29%라는, 비례대표제 도입 후 1당으로서 스위스 사상 최고의 득표율을 기록하고, 스위스 정치의 태풍의 눈이 되었다.

'민주주의의 국가'로 유명한 스위스에서, 포퓰리즘 정당이 지지를 얻고, 배외주의적인 정책을 시행하려 하는 것은 예상 밖이다. 특히 국민투표를 비롯하여 직접 민주주의적인 제도가 정착되어 있는 스위스라면, 많은 사람들은 국민의 정치적 의향이 정책에 잘 반영되어, 정치적인 불만이 쌓이지 않을 것이라 생각하지 않을까?

그러나 스위스에서 직접 민주주의의 상징인 국민투표제는 유일하게 포퓰리즘 발전의 최대의 무기가 되었다.

그래서 이 장은 스위스 국민투표제를 개관한 후, 포퓰리즘 정당이 어떻게 국민투표제를 사용하여, 그 정치적인 존재감을 높여 왔는지를 검토하려고 한다.

'이상 국가' 스위스

그런데 일본에서 스위스의 이미지는 매우 좋다. 스위스는 영세중립을 내걸고 대국에 가담하지 않는다. 그리고 유엔 등 다수의 국제기관을 유치하고 있으며, 평화를 사랑하는 국가의 이미지를 가지고 있다. 그리고 국민투표나 주민투표가 가끔 실시되고 있으며, 지자체에 의한 주민투표는 시민들의 다수결로 정책을 직접 결정한다. 또한 스위스는 민주주의가 뿌리내린 국가이면서, 평화와 민주주의를 실현한 국가이다. 또한 국가 이미지는 '알프스 소녀 하이디'에서 그려진 농촌의 목가적 인상, 아름다운 알프스의 산록들이 보여 주는 높은 기풍과 어울려, 일종의 이상 국가 스위스라는 인식을 사람들에게 갖게 하였다.

스위스의 이미지는 모리타 야스카즈(森田安一) 편저 『스위스와 일본』에서 상세하게 검토되어 있는 것처럼, 실은 이미 1세기 훨씬 전 시작되었다. 이미 1860년대 가토 히로유키(加藤弘之)나 후쿠자와 유키치(福澤諭吉)가 스위스의 정체에 대해 소개하였다. 1880년대가 되면서, 14세기 스위스의 전통적인 영웅을 묘사한 프리드리히 폰 실러의 희곡 『윌리엄 텔(William Tell)』이 번역되었으며, 스위스 지배를 시도한 합스부르크가에 대항하여 스위스인의 자유를 지킨 윌리엄 텔은 메이지 일본의 자유민권운동을 후원한 것으로 칭찬되었다.

특히 아베 이소(安部磯雄)는 커다란 영향을 미쳤다. 그는 사회민주당의 창설자의 한 사람이며, 일본에서 사회주의의 창시자 같은 존재였다. 1904년『지상의 이상국 스위스(地上之理想國瑞西)』를 저술하였다.

이 책에서 아베 이소는, 스위스는 "자유, 평등, 평화가 넘쳐흐르고", "국민에게 행복을 주고 자유 평등을 주는" '자유의 작은 인간세계'라 극찬하였다. 그리고 스위스는 영세중립을 내걸고 고고함을 지키기 위하여 독일이나 오스트리아와 같은 '야심'을 포기하고, '평화의 홍보대사인 천사'가 되는 길을 선택하였으며, 세계의 국가들은 스위스를 따라 배우지 않으면 안 된다고 설명하였다.

특히 그는 스위스를 '순수한 민주주의'의 국가로 자리매김하고 높게 평가하였다. 그는 다음과 같이 말하였다.

"스위스의 정치는 순수한 민주주의로 그 근본은 국민이다.…… 그 정책은 다수 국민의 의지로 나타나는 것과 같다. 스위스 국민들에 의해 실시되고 있는 선거법 및 직접 입법권을 보면, 누구든지 진정한 자유민권은 미국보다 스위스에서 더 많이 나타나고 있다는 것을 인정할 것이다."

여기서 아베가 '직접입법권'을 마음속에 두고 있었던 것은 19

세기 말까지 스위스에서 거의 완성된 국민투표제를 가리키는 것이었다. 즉 국민의 의사가 주민투표나 국민투표를 통해 정책으로 직접 실현될 수 있다. 이러한 스위스의 정치는 바로 '진정한 자유민권'이 발휘된 것이다. 문자 그대로 '지상의 이상국'으로 자리매김 되었다.

1904년 출판된 아베의 저서는 그해 이미 2,000부 가까이 팔렸을 정도다. 메이지 시대 상당한 부수가 출판되어 여기저기에 보급되었다. 아베의 저서 이후 직접 민주주의를 실현하는 '이상적인 국가'로 스위스의 이미지가 일본에 알려졌다. 그리고 그 이미지는 현대에 이르기까지 기본적으로 변하지 않고 있다.

세 종류의 국민투표

그러면 왜 스위스는 국민투표를 도입하고 뿌리 깊은 역사를 가졌는가?

원래 산악 지대인 칸톤(Kanton: 주)의 자발적인 동맹에 기원을 가진 스위스가 통일국가로 성립한 것은 비교적 오래지 않은 1847년이었다. 그런데 중세 이래 역사를 가지고 있으며 자긍심 높은 칸톤이 남아 있고, 독일어·프랑스어·이탈리아어의 세 언어권으로 나뉘어져 있었다. 스위스는 종교적으로 가톨릭과 프로테스탄트 서로가 유력 종파로 존재하는 국가이다. 통일국가 성립 후에도 중앙정부가 강력한 권한을 갖는 것에 많이 경계하였다. 특정 당파나 세력이 중앙의 권력을 독점하지 못하도록, 칸톤이나 지자체가 가능한 권한을 유지하였다.

그래서 중앙정부의 행동을 억제하는 결정적인 제도적 틀로 도입된 것은, 19세기 중반부터 후반에 걸쳐 도입된 국민투표였다. 예를 들면 1874년 헌법에 도입된 '임의적 국민투표'는 같은 헌법 개정에서 진행된 중앙집권화 정책에 대한 '보상'으로 의미가 있었다. 이와 같은 국민투표제의 채택과 발전 때에 활용된 것은 이미 칸톤이나 지자체 차원에서 실시되었다.

국민투표에는 세 가지 종류가 있다. 처음에는 주로 '의무적 국민투표제'에 제한되었지만, 나중에 '임의적 국민투표', 그리고 '국민발안(이니셔티브)'이 순차적으로 추가되고, 20세기 접어들어 거의 현재의 형태가 모두 갖추어졌다.

먼저, 의무적 국민투표는 헌법 개정이나 집단적 안전보장 참가, 초국가 조직 가맹 등 국가의 근간에 관계되는 중요 사항에 대하여 의무적으로 실시되었다. 유효 투표수의 과반수의 찬성에, 찬성표가 과반수가 되는 칸톤의 수가 반이 넘었다. 말하자면 '이중다수결'이 원칙적으로 필요하게 되었다(아직 스위스의 칸톤에는 20여 주와 6개의 준주가 있지만, 준주準州에 대해서는 0.5% 칸톤으로 계산함).

다음으로, 임의적 국민투표는 법률이나 조약 등에 대해 5만 명 이상의 서명 혹은 8개 이상의 칸톤의 요구가 있는 경우 찬반을 묻는 형태로 실시한다. 이 경우 '이중다수결(Double Majority Vote)'은 불변이고, 유효 투표수의 과반수가 반대인 경우 법률이나 조약은 '부결'된다.

지금까지 의무적 국민투표의 3분의 1정도, 그리고 임의적 국민투표의 2분의 1정도가 '부결'되었다. 이와 같은 것은 정부가 진행하는 정책이 국민들로부터 강한 저항에 부딪친 경우 높은 확률로 저지될 수 있다는 것을 의미한다. 그 점에서 스위스는 역시 '민주주의'의 국가이며, 정부의 폭주에 대한 억제는 확실히 기능하고 있다고 말할 수 있을 것이다.

다른 한편으로 국민발안(이니셔티브)은 10만 명 이상의 서명으로 헌법 개정이 제안된 경우 찬반을 국민투표로 결정하는 것이다. 그리고 총투표자의 과반수 찬성에 더해, 찬성표가 과반수가 된 칸톤의 수도 반을 넘어야 하는 '이중다수결'이 필요하다. 정부나 의회를 우회하여 국민이 헌법 개정에 직접 참가한다는 의미에서 국민발안은 궁극적으로 민주주의의 형태라고 말할 수 있을 것이다.

다만 국민발안이 적용되는 것은 헌법 개정에 한하였으며, 통상의 법률을 제정하는 것은 안 된다. 국민발안으로 법률을 제정 가능하게 하려는 시도는 지금까지 가끔 실시되었지만 모두 실패로 끝났다. 그 때문에 본래는 헌법이아니라 통상 법률로 제정되어야만 하는 사항에 대해서도, 국민발안에 의한 국민투표에서 '헌법 개정'이라는 형태를 취하여 가결된 예가 있었다. 다만 국민발안이 성공하는 예는 적고, 20세기 말까지 가결률은 불과 10%에 불과하였다.

이와 같이 스위스에서 주민집회나 주민투표와 같은 제도의 역사적 전통을 배경으로, 19세기 중반 이후 국민투표제가 성립·확충되고 민주주의의 발전에 중요한 역할을 해왔다.

국민투표에 의한 위협

쉽게 예상되는 것이지만, 이러한 국민투표제의 존재는 헌법 개정과 입법에 이의를 제기하는 절호의 수단을 야당이나 반대파에게 줌으로써, 정부에 큰 위협이 되었다. 특히 임의적 국민투표는 '부결'로 끝나는 경우도 많았고, 정부의 정책에 정면으로 반대한다고 문제를 제기할 수 있었다.

1874년 스위스에서 헌법으로 임의적 국민투표가 도입되자, 야당세력이었던 가톨릭과 보수파는 1847년 스위스 통일을 이끌고 정권을 잡은 프로테스탄트계 자유주의파에게 저항하였다. 그리고 특히 집권화 정책에 반대하며 임의적 국민투표에 가끔 호소하였다. 그들은 1875년부터 10년간 14개의 법률을 임의적 국민투표에 부침으로써, 그 가운데 11개의 법률을 무효화시켰다. 지폐의 도입, 연방 형법의 제정과 같은 근대 국가화에 필요한 제도조차 거부되었다.

의회를 통과한 중요법안이 계속 국민투표에 의해 부결되자, 정부는 '국민투표의 위협'을 극복하기 위하여 야당과 반대세력을 참가시켜 사전에 국민투표의 싹을 잘라버렸다. 1884년 드디어 가톨릭 세력으로부터 각료가 선출되고, 프로테스탄트계 자유주의파와 함께 가톨릭이 여당의 한 부분을 담당하게 되었다. 그 결과 국민투표에 의한 정부에 대한 도전은 점점 줄어들고, 정치적 안정이 이루어졌다.

1919년 이후 가톨릭 세력으로부터 두 번째 각료가 선출되었다. 20세기 초 20년 동안 임의적 국민투표가 실시된 것은 7건에 불과하고, 게다가 부결로 끝난 것은 불과 2건밖에 없었다.

이와 같이 반대파를 정권에 포함시킴으로써, 국민투표를 회피하는 방법은 그 이후 스위스에서 반복되었다. 20세기 농촌 지역을 기반으로 한 농민당과 노동운동을 배경으로 한 사회민주주의 정당은 각각 야당에서 여당으로 진입하였다. 그 결과 1959년 이후 스위스 정치는 4개 정당(자유민주당, 기독교국민당, 사회민주당, 농민·시민당)에 의해 구성된 대연립 정권에 의해 운영되었다. 결국 정치 환경은 정상적인 상태가 되고, 게다가 각료 자리는 2:2:2:2로 사실상 고정화되었다. 각료 배분 비율은 '악마의 공식(주문)'이라 불렸으며, 반세기 가까이 계속되었고, 스위스 정치의 안정성을 말하자면 '협조 민주주의'를 상징하는 말이 되었다.

스위스 정치 연구자로 유명한 한스피터 크리에지(Hanspeter Kriesi)는 스위스에서 최근 국민투표의 성공여부의 조건을 자세히 조사한 후, 여당이 일치하여 정부의 입장을 옹호할 것인가 혹은 여당 내에 불일치가 발생하여 분열된 상태로 국민투표에 참가할 것인가가 국민투표의 결과에 결정적으로 영향을 미친다고 설명하였다.

그의 설명에 따르면, 여당이 보조를 맞추어 국민투표에 참가할 경우 거의 100%에 가까운 형태로 정부의 입장이 옹호되었지만, 4개 정당 가운데 하나의 당에서 반대할 경우 정부의 입장이 확 돌아설 확률이 3분의 1까지 올라가고, 두 개의 정당이 반대하는 경우는 모두 정부의 입장을 부정한다고 설명한다. "합의의 빈도가 높으면 높을수록, 국민투표가 제기될 가능성이 낮아진다는 것이다." 또한 원래 성공률이 낮은 국민 발안에서도, 여당 내에 분열이 발생할 경우 국민발안이 성공할 확률이 높아진다는 것을 확인 할 수 있었다. 주요 정당을 여당으로 참여시키면서 찬성을 확보하는 것은 국민투표의 위협을 회피하기 위하여 불가결하다.

이러한 정부에 의한 '반대파의 포섭' 전략의 대상은 야당에 제한되지 않는다. 여권참여의 대상은 국민투표를 제기할 수 있는 조직력을 가진 민간단체도 포함되었다. 원래 5만 명의 서명으로 국민투표를 제기하는 경우 상당한 비용이 든다. 자원봉사자를 최대한 활용하여도 10만 스위스 프랑(약 1억 1,300만 원) 이상의 비용이 든다는 지적도 있으므로, 그 정도의 자금력을 가진 단체는 많지 않다.

다만 한번 국민투표가 제기되면 법안이 부결될 위험성이 매우 높기 때문에, 일정한 조직력을 가진 단체는 잠재적으로 법안을 매장할 수 있는 강력한 영향력, 즉 거부권을 가지고 있다. 그 때문에 특히 대기업, 중소기업, 농민단체, 노동조합 등 유력 민간단체에 대해 '참여'를 권하는 것은 필수가 되었다. 그 결과 이들 단체도 '사전청취제'라는 형태로 정책 형성 과정에 참여하여, 각종 단체의 의향을 반영하는 형태로 입법 작업이 진행되는 것이 보통이다. 정치학자 다구치 아키라(田口晃)는 이것을 '스위스형 코퍼러티즘'이라고 부르고 있다.

그럼에도 불구하고 국민투표는 가끔 제기되었지만 '악마의 공식'이 최전성기를 맞이한 1950년대부터 70년대까지 30년간, 국민발안이 모두 부결된 것이 보여 주듯이, 다양한 당파·사회세력을 포섭한 협조민주주의는 충분히 기능하였다. 전체로 보면, 제2차 세계대전 후 스위스는 주요 정당 간 대연립에 의해 지지된 정치적 안정을 실현하고, 그리고 국제경쟁력이 있는 정밀기계공업 등의 제조업, 국내외의 부유층을 고객으로 발전을 이룩한 금융업 등에 의해 지지되면서 경제적 번영을 향유하였다.

스위스 정치의 동요와 국민당

그러나 1990년대 접어들어 스위스 정치경제의 안정성에 파열음이 생기기 시작하였다.

먼저 '악마의 공식'을 사용하여 스위스 정치를 이끌어 온 주요 정당은 1960년부터 90년대에 걸쳐, 당원수가 30% 감소하였다. 스위스 정당은 다른 유럽 여러 국가들의 정당과 똑같이 각각 경영자층이나 노동조합, 농민, 가톨릭 신도와 같은 고정적인 지지층에 의해 지지를 받았지만, 도시화의 진행과 가치관의 다양화, 종교를 떠나는 등 사회 변화를 접하고, 지지층이 유동화하면서 정당의 조직 기반도 약체화하였다. 정당이 사회에서 '대표성'을 잃어 가는 가운데, 정당은 국민으로부터 멀어진 정치 엘리트의 집단이라는 비판이 점점 확산되었다.

또한 경제·사회적 문제도 현재화하였다. 예전에 거의 완전고용을 자랑하였던 경제가 감속하고, 실업률이 상승하여 5%를 넘었다. 그 결과 한편으로 취업의 불안정과 노동의 증가로 경제격차의 확대가 진행되었고, 다른 한편으로 외국인의 유입이 진행되면서, 이민이 도시를 중심으로 증가하는 등 사회적인 변화를 사람들이 피부로 느끼게 되었다. 스위스는 일본과 같이 안정적인 노사관계 아래서 장기고용의 관행이 형성되고, 말하자면 '고용에 의한 복지'가 실현되었지만, 1990년대 대기업의 합병이나 구조조정이 진행되면서 불안정이 심해졌다. 정치학자 다니엘 알베르타치(Daniele Alberttazzi)의 표현을 빌리면 "1990년대 스위스는 이미, 예전부터 사람들이 믿었던 특별히 안전한 국가 스위스가 아니라는 것을, 결정적인 증거와 함께 보여 준 시대였다." 그 가운데 정치 엘리트들이 진행하는 EU 등 국제기관·초국가 조직에 대한 접근 노선은, 유럽에서 고립하여 번영을 향유해 온 스위스의 독자성을 훼손하는 것으로 이해되면서 반발을 불러일으켰다.

원래 스위스 국민당은 1971년 스위스 농민·시민당이 모체가되어 성립한 정당이다. 그리고 국민당은 농민이나 중소업자층의 지지 기반으로 한 중도우파의 정당이며, '악마의 공식' 아래서 항상 하나의 각료 자리를 확보하였다. 즉 기성정당의 하나의 구성원에 불과하였다. 또한 국민당은 설립 이후 가족주의 보수 이데올로기를 주장하였고, 시대에 뒤떨어진 지방 정당이라는 이미지를 가지고 있으며, 젊은 세대나 무당파층에 대한 호소력이 약한 정당이었다. 지역적으로도 독일어권의 프로테스탄트를 기반으로 하였으므로, 프랑스어권이나 가톨릭에 대한 침투가 약하여 확대되지 않았다.

이 순수한 중도보수당에 근본적인 변혁을 초래한 것은 크리스토프 블로허(Christoph Blocher)였다. 스위스 최대의 도시 취리히를 기반으로 하고 1977년 취리히 주의 국민당 대표에 취임한 블로허는 스위스의 독자성이나 전통을 강조하면서 외국인의 배제를 주장하는 급진노선에 서서, 당내에서 영향력을 확대하였다. 그의 아래서 국민당은 중심을 확실히 우(右)로 전환하면서 동시에, 자유민주당이나 기독교국민당 등 스위스 정치를 중심적으로 담당해 온 주요 정당에 대한 비판을 목청껏 높여 주장하였다. 즉 반기성정당 노선으로 전환하였다. 그리고 종래의 정치에 만족하지 않는 유권자들의 기대를 모으고 지지를 넓혀갔다.

AUNS라는 원동력

특히 블로허 등의 지지율 확대의 원동력이 된 것은, 1986년 설립된 AUNS(스위스 독립과 중립을 위한 행동)라는 민간조직이다. 스위스의 독자성(특별례, 독일어로 Sonderfall이라고도 부른다.)의 보유를 주장하는 AUNS는 스위스가 EU를 비롯하여 유엔, NATO, IMF 등 거의 모든 국제조직의 가맹을 반대하고, 사회의 각계각층으로부터 지지를 모으는 데 성공하였다. 회원은 전국으로 확대되고, 경제단체의 지지를 얻어, 재정적으로 정당을 능가하는 혜택을 받고 있다. 블로허는 이 AUNS의 지도자로 국민당의 지지기반을 넘어 전국적으로 호소할 수 있게 되었다.

AUNS가 그 존재감을 보인 것은, 1992년 EEA(유럽경제지역) 가맹에 대한 국민투표였다. 국민당 이외의 유력 정당이 모두 찬성하였음에도 불구하고, 국민투표의 결과를 보자 78.7%라는 높은 투표율 가운데 EEA 가맹에 반대하는 주장이 50.3%로 가맹은 부결되었다.

그 이후 AUNS의 국민투표를 둘러싼 운동은 성공을 거두고 회원도 수만 명으로 늘어났다. 유엔평화유지활동에 군대 파견을 묻는 국민투표(1994년 부결), EU 가맹에 대한 조기교섭을 요구하는 국민발안(2001년 부결) 등은 AUNS의 활발한 활동의 성과였다. 특히 EU 가맹을 묻는 국민투표(2002년)에서 찬성표가 54.6%로, AUNS의 운동은 패배로 끝났지만, 칸톤 수에서 찬성 다수의 칸톤이 12곳, 반대가 다수를 차지한 칸톤이 11곳이 되어 아슬아슬한 결과를 보였다.

원래 국민투표는 비교적 소규모 집단이나 소수정당이라 하더라도, 그 집단이 스스로 주장하며 존재감을 높일 수 있는 절호의 기회이다. 국민투표에서 승리한 경우 그 영향력은 매우 컸다. 예를 들면 패배하였다 하더라도 패배한 주장도 투표자의 40%로부터 약 50%의 찬성을 얻는 경우가 많았다. 정부나 주요 정당·주요 단체와 대치하는 가운데, 그 정도의 찬성을 얻은 것은 선전한 것이다. 특히 이민 문제, 국제조직의 가맹 문제, 세금 문제 등을 둘러싼 국민투표는 가끔 승리하여 정부의 정책을 좌절시켰다.

AUNS나 국민당은 유권자에게 쉽게 호소하는 주제를 전면에 내세워 투표운동을 전개하고 많이 승리하였다. 특히 20세기 중반 성공률이 거의 없었던 국민발안은 최근 성공률이 높아지고 있다. 국민발안은 선거를 의식하여 선거 직전에 의도적으로 실시하는 경우도 있으며, 그 사이 간접적 효과를 포함하여, 많은 영향을 스위스 정치에 미쳤다. 현재 국민투표를 둘러싼 새로운 전개가 시작되었다고 말할 수 있다.

블로허에 의한 우경화

국민당 내에서 블로허 등 취리히파는 AUNS의 영향력의 증대와 입장을 같이하면서 세력을 증대하였다. 국민당은 종래부터 수도 베른을 기반으로 온건한 베른파가 주류였으며, 여당으로 스위스의 '협조민주주의'를 유지해 왔다. 그러나 1996년 당 대회에서 마침내 힘의 관계가 역전되고, 블로허 등 취리히파가 당을 장악하였다. 유럽에서 손꼽히는 금융도시 취리히에서 비즈니스에 성공하여, 거액의 부를 손에 넣은 블로허는 그 자금을 활용하여 취리히에서 적극적인 광고 전략을 사용하여 강한 지지를 획득하였고, 이번에는 그 방법을 전국적으로 전개하였다.

원래 스위스에서는 칸톤의 분립도 있고, 정당의 전국 조직이 약해, 칸톤별로 소규모 당 조직은 아주 세밀하게 활동하였다. 그러나 국민당은 전국적인 조직 정비에 노력하고, 지방선거는 물론 총선거에서 승리를 목표로 광고를 전개하였다. 그때 블로허의 이해하기 쉬운 말투와 단순하지만 미디어를 받아들이는 발언은 적극적으로 유권자에 대한 호소로 활용되었다.

알베르타치의 분석에 따르면, 블로허의 지도 아래 우파의 포퓰리즘 정당으로 전향한 국민당의 주장은 다음 세 가지로 정리할 수 있다.

첫째로, 국민당은 정치 엘리트를 비판한다. 알베르타치는 당시 스위스 정치는 국민의 의도를 무시하고, 자기이익을 추구하는 정치계급들의 담합에 의해 지배되고, 본래 주권을 가질 예정인 국민이 업신여김을 당했다고 주장하였다. 이들 엘리트들에 의해 높은 세금과 '큰 정부'가 만들어졌으며, 감세나 공적지출의 삭감이 불가피하였다고 말한다.

둘째로, 국민당은 스위스의 정체성 유지를 위해 노력하였다. 그는 국제기관의 개입이나 글로벌화의 진전으로 스위스가 전통적으로 지켜온 독자성이 위기에 직면해 있다고 주장하였다. 알베르타치가 정리한 것처럼 "국민은 주권자이며…… 의회와 함께 입법권을 가진다. 그러므로 그 권한은…… 보장되어야만 하고, 국제조약이나 국제사회 등에 의해 제약을 받아서는 안 된다"고 국민당은 주장하였다.

셋째로, 이민에 대하여 비판하였다. 복지의 남용이나 범죄의 원인을 이민·난민에서 요구한 뒤, 그 배제를 주장하고 동시에 치안 강화를 주장하였다.

이러한 국민당의 급진화는, 유권자들을 떠나게 하는 데 그치지 않고, 당 조직의 강화 전략의 도움으로 오히려 지지의 확대를 가져왔다. 특히 종래 약체였던 프랑스어권에 적극적으로 진출하고, 당의 지부를 크게 증가시켰다. 당원 수는 다른 주요 정당과 비슷하게 감소하였는데, 국민당은 예외적으로 증가하였다. 그 결과 국민의회 선거에서 국민당의 득표율은 1995년 14.9%에서 취리히파가 당을 장악하고 급진노선으로 전환한 후 1999년 22.5%로 급증하고 제2당이 되었다. 2003년 26.6%에 이르고, 이어서 제1당의 자리를 차지하였다. 여전히 그 과정에서 그때까지 존재하였던 우파의 작은 정당은 국민당에 지지층을 흡수당했다.

2003년 선거 후 내각 조직은 스위스 전후 정치에서 획기적 사건이었다. 이 선거에서 이미 제4의 정당 자리를 완전히 벗어난 국민당은, 선거후 블로허를 새로운 각료로 선출하는 등 종래 하나였던 각료 자리를 2개 얻는 데 성공하였다. 다른 한편 제4당이 된 기독교민주당은 장관직 하나가 줄어 명암이 엇갈렸다. 여기서 국민당 이외의 3당은 2자리, 국민당 1자리라는 1959년 이래 '악마의 공식'에 처음으로 변화가 생겼다.

미나렛 건설 금지

세력을 증가시킨 국민당은 가끔 국민발안을 제기하면서 급진적 주장을 하며 그 존재감을 높였다. '악마의 공식'에 의한 참여 노력은 어쩌면 국민당에 대해 이미 유효성을 잃은 것처럼 보였다.

2009년 11월 국민당 의원 프라이징거 등이 주도한 '미나렛 (minaret: 이슬람교의 예배당인 모스크의 일부를 이루는 첨탑. 아랍어로 '빛을 두는 곳, 등대'를 의미하는 '마나라manāra'에서 유래함) 건설 금지' 요구 관련 국민발안은 국민투표에서 57.5%의 찬성을 얻고, 압도적 다수의 칸톤의 찬성을 얻어 가결되었다. 미나렛은 이슬람 사원의 첨탑이다. 프라이징거는 그때까지 스위스 국회의사당 앞에서 기도하는 이슬람교도를 그린 선거 포스터를 만들어 말썽을 불러일으켰던 논쟁적인 인물이었다.

국민투표 캠페인에서 프라이징거 등은 철저하게 이슬람을 비판하였다. 그에 의하면 이슬람은 스위스의 세속적인 법질서와 근본적으로 어울리지 않으며, 미나렛은 "신에게 부여된 이슬람법이 이 국가의 법률에 우선한다는 불관용적인 문화"의 상징으로 평가되었다. 그리고 미나렛을 저지하는 것만이 스위스에 살며시 다가오는 이슬람화를 억지하는 수단이 되고, 스위스의 '리버럴'한 전통과 가치를 보유하는 것과 연결된다고 주장하였다. 그들은 네덜란드와 덴마크의 포퓰리즘 정당과 똑같이 '리버럴'한 가치에 따라 이슬람을 비판하고, 이민의 배제를 호소하는 방법과 공통의 주장을 선택하였다.

프라이징거 등은 이슬람 여성의 실루엣을 배경으로 국민투표용 포스터를 만들어 찬성을 호소하였다. 즉 미나렛은 마치 스위스가 위협에 직면한 것같이, 미사일이 스위스를 꿰뚫게 배치되는 도전적인 그림을 그려 포스터로 사용하였다.

이와 같이 최근 국민당은 반이슬람, 반이민을 전면에 내세우고 선거나 국민투표에서 적극적으로 주장하고 있다. 국민당의 일부 회원은 2004년 '무슬림은 곧 다수파가 된다'는 신문광고를 게재하고, 2040년까지 스위스 인구의 70%를 무슬림이 차지할 것이라는 주장을 전개하였지만, 이것에 대해 스위스 통계국은 해당 수치에 어떠한 근거도 없다고 반론을 제기하였다.

실은 미나렛 금지에 대해 국민당은 하나로 단결된 것이 아니라, 블로허는 그것과 거리를 두었다. 그러나 찬성이 60% 가깝게 증가한 국민투표의 '성공'은 스위스에서 반이슬람 운동의 중요한 승리로 간주되었다. 출구조사에서 투표자의 약 60%가, 미나렛은 "권력과 지배에 대한 종교·정치적인 욕망을 나타내는 것이다"라는 것에 동의하고, 90%에 가까운 사람들이 "이슬람에서 여성은 억압되고 있다"는 것에 찬성하였다. 프라이징거 등의 선동적인 캠페인이 국민투표라는 장을 활용하면서 여론에 많은 영향을 끼쳤다는 것은 확실했다.

다른 한편 정부나 주요 정당, 인권단체나 교회 등은 미나렛 금지를 '종교의 자유'에 반하는 것으로 강하게 반대하였지만, 찬성은 확대되지 않았다. 프랑스어권을 중심으로 반대가 찬성을 넘은 칸톤 수는 4개에 불과하였다.

'반이민' 안의 가결

이러한 성공으로 탄력을 받은 국민당은, 다음 2010년 무거운 범죄를 저지르거나, 사회보장급여의 부정수급 등을 한 외국인을 자동적으로 국외 추방하는 헌법 개정을 요구하고 국민투표를 제기하였다. 종래 유죄가 선고된 외국인에 대해 개별 판단으로 추방 처분이 가능하였지만, 이번에는 이것을 자동적으로 국외로 추방 처분해야 한다고 제안하였다.

국민당은 스위스 국내 수형자 60% 이상이 외국인이며, 치안의 개선에 강제송환과 같은 강경수단이 필요하다고 주장하였다. "형무소가 있어도 범죄를 막지 못하며…… 유일한 방법은 죄를 범한 외국인을 우리나라에서 내쫓는 것"이라고 블로허는 말한다. 그리고 2007년 선거에서 사용된 검은 양을 스위스에서 내쫓는 그림의 포스터도 국민투표에 다시 등장하였다.

역시 이 제안은 많은 반대의 목소리에 부딪혔다. 특히 스위스에서 태어나 성장한 외국 국적의 주민도 강제송환의 대상이 될 수 있다는 점에 강한 비판이 쏟아졌다. 원래 스위스에서 외국인의 국적취득 요건은 엄격하고, 스위스 출생 2세, 3세의 외국인이 다수 국내에 거주하고 있으므로, '본국'으로 송환되는 것은 문제가 있다고 지적되었다.

그러나 국민투표를 실시하고 개표하자, 찬성이 52.3%, 찬성이 반대를 앞선 칸톤 수는 17.5칸톤에 이르고 헌법 개정은 성립하였다. 정부는 강제송환 대상자를 중범죄에 한하여 대항 제안을 제출하고, 이것도 동시에 국민투표에 붙였지만, 이쪽은 찬성이 44.5%에 머물고, 찬성한 칸톤은 하나도 없는 상태로 부결되었다.

나아가 국민당은 2014년 '대량 이민의 저지'를 내걸고 외국인의 유입에 할당제를 도입하는 국민투표를 제기하고, 이것도 50.3%의 근소한 차이로 찬성이 앞섰으며, 찬성 칸톤도 14.5%나 되어 가결되었다. 이것은 외국인 체류자 수에 상한과 할당제를 설정하고, 난민을 포함하여 제한을 가하는 것이었다. 그때까지 이 제도 아래서 EU와 스위스 사이의 협정으로 보장되어 온 EU·스위스 사이의 자유로운 인적 이동은 규제가 가해지기 때문에 EU는 우려하였다.

여전히 이들 미나렛 건설 금지를 시작으로 국민당의 국민투표 전략의 성공은 다른 유럽 여러 국가의 포퓰리즘 정당에도 큰 영향을 미쳤다. 각국의 포퓰리즘 정당이나 우익정당은 스위스 국민당의 성공을 예찬하고, 후에 적극적으로 계속 지지하였다. 2010년 이후 벨기에나 프랑스에서, 공공장소에서 부르카 착용을 금지하는 것 의도된 법률이 가결되었다. 이것도 2009년 스위스의 미나렛 금지 가결의 영향을 받았다고 볼 수 있다.

국민당이 만든 선동적인 포스터도 각국의 포퓰리즘 정당으로부터 '인기'였다. 2010년 프랑스의 국민전선이 지방선거용 포스터에 국민당의 포스터를 무단으로 사용하여, 국민전선과 국민당 사이에 문제가 일어날 정도였다.

국민투표의 패러독스

이와 같이 국민당은 AUNS 등과 함께 1980년대 이후 기존의 스위스 정치에 대한 도전자가 되었으며, 옛 정치경제 엘리트의 협력 관계를 기초로 이루어진 스위스의 '협조민주주의'에 반대하였다.

그때 최대 무기가 된 것은 스위스의 국민투표라는 제도의 존재였다. 특히 21세기 접어들어 종래 성공률이 낮았던 국민발안을 차례로 성공시킨 점은 특징적이었다. 국민당은 국민발안을 통해 급진적 제안을 제기하고, 국론을 이분시키는 논쟁을 전개함으로써 가결률은 상승하였다. 그 결과 지금까지 역시 낮았던 국민발안의 투표율이 상승하고, 특히 젊은층의 투표율이 높아졌다는 지적이 있다. 그러한 의미에서 정치의 '활성화'를 초래하는 것은 부정할 수 없다.

다만, 이것은 아이러니한 결과라고 할 수 있다. 앞서 설명한 것처럼, 스위스 특유의 '협조민주주의'가 성립한 것은 국민투표에 호소하여 정책을 방해할 우려가 있는, 야당이나 반대파를 앞질러 기존 엘리트들이 노력하였기 때문이다. '국민투표에 의한 위협'은 정치·경제 엘리트들의 협조체제의 형성을 필수로 하였다. 그러나 정당과 직업단체, 노동조합 등의 조직률의 영향력이 저하하는 가운데, 오히려 협조민주주의의 존재는 국민의 주권을 부당하게 침해하는 것으로 여겨지고, 포퓰리즘 정당의 비판의 목표가 되어, 국민투표를 통해 공격받고 있다.

원래 국민투표는 모두 양날의 칼과 같다. 특히 국민발안은 '국민의 주권'을 드러내는 궁극적인 장소인 반면, 국민투표는 의회에서 도저히 다수파의 지지를 얻지 못하는 급진적인 정책이라 하더라도, 민주주의의 이름 아래 직접 국가차원의 정책으로 '실현'될 수 있다. 다른 유럽 국가에서 똑같이 우파 포퓰리즘 정당이 약진하고 있으나, 의회에서 의석 점유율은 과반수에 못 미치고, 입법 활동에 대한 역할은 지금도 매우 한정적이다. 각국에서 포퓰리즘 정당의 압력을 받고 이민제한정책이 차차 도입되고, '주류화' 되고 있다 하더라도, 정부나 유력 정당이 입법 활동에 관계하면서, 기존의 법체계나 국제조약과의 정합성은 기본적으로 유지되고 있다.

그러나 국민발안에 의한 헌법 개정의 국민투표는, 가결되면 원칙적으로 행정부나 입법부의 재량을 허락받지 않고, 실시할 수 있게 되었고, 그러한 의미에서(일부의 예외를 제외하고) '만능'

이다. '순수 민주주의'를 통해 '불관용'이 전면적인 보증을 부여하기까지 하고 있다.

국민투표의 '보수적' 기능

다른 한편으로 스위스 정치 가운데 의무적·임의적 국민투표가 수행해 온 역할을 재고할 필요가 있을 것이다. 원래 의무적·임의적 국민투표는 헌법 개정이나 법률 제정과 같은 현상에 어떠한 변경을 가하는 제안에 대한 찬반을 묻는 기회를 국민에게 부여하는 것이다. 그렇기 때문에 국민투표제를 갖지 못하고 있는 국가와 비교하면, 현상을 변경하려고 하는 제안이 좌절될 가능성이 높다. 그러한 의미에서 국민투표는 '보수적' 기능을 가지고 있으며, 실제로 보수파가 적극적으로 이것을 주장하여 진보적인 정책을 사장시켜 왔다. 여성 참정권 도입이 1959년 국민투표에서 부결되고, 1972년 겨우 실현되게 된 것은 가장 두드러진 것이다.

또한 스위스에서 복지제도의 발달이 늦어진 이유는 역시 국민투표의 영향이라고 설명한다. 19세기 말 의료보험법 부결을 비롯하여 스위스에서 국가 개입의 확대나 재정지출의 증가를 가져오는 복지제도의 정비는 늦어졌다. "임의적 국민투표만으로도 새로운 사회보장제도의 도입은 평균 15년 늦추어졌다"고

한다. 국민에게 가입의무를 부과하는 의료보험법이 성립한 것은 1994년이다. 국가 기능의 확대를 방지하고, '국가로부터 자유를 지키기' 위하여 국민투표가 활용됨으로써, '국가에 의한 보호' 발전이 늦어졌다는 것을 확실히 알 수 있다. 그러나 그렇다고 한다면 국민투표제는 도대체 누구를 위하여 기능하고 있는 것일까?

이처럼 스위스의 '이상(理想)적인 민주주의'의 실태는 일본에서 상상되어지고 있는 것과 상당한 거리가 있다고 말할 수 있다.

흰 양들의 민주주의

여기서 2007년 선거에서 물의를 일으킨 흰 양과 검은 양들의 포스터를 다시 한 번 보자(173쪽). 자세히 보면 한 마리의 흰 양이 검은 양을 걷어차고 적극적으로 내쫓으려고 한다. 다른 두 마리의 흰 양은 나와 상관없다는 표정으로 이 검은 양을 몰아내는 데 거리를 두고 있는 듯하다. 이것은 무엇을 의미하고 있는 것일까?

스위스뿐만 아니라 이민 배제에 찬성하고 적극적으로 우파 포퓰리즘 정당을 지지하는 것은 대략 유권자의 20~30% 정도이다. 그러한 의미에서 흰 양 가운데서 검은 양을 내쫓으려고 자신의 발을 내밀고 있는 양은 역시 세 마리 가운데 한 마리에 불과하다.

그러나 보다 중요한 것은 다른 두 마리의 양이 무관심을 가장함으로써 검은 양을 몰아내려고 사실상 지지하고, 그리고 자신이 힘쓰지 않고 해결되는 것에 내심 안도의 한숨을 쉬고 있지 않을까? 스위스의 온건한 주요 정당과 그 지지자를 상징하는 두 마리의 흰 양의 암묵적 양해가 없으면, 남은 한 마리의 흰 양도 검은 양을 내쫓으려는 강한 행위에 이르지 못하지 않았을까?

2010년 강제송환을 둘러싼 국민투표를 시작으로, 외국인의 지위에 중대한 영향을 미칠 수 있는 중요한 결정 때 인구의 4분의 1을 차지하고 있는 외국인 주민은 어떠한 관여조차 어려웠다. 검은 양의 생살여탈권은 흰 양들에게 쥐어 있는 그대로였다.

예전에 아베 이소(安部磯雄)가 '진정한 자유의 국가'라고 절찬한 스위스는 순수한 민주주의적인 제도 덕분에, 포퓰리즘에 의한 첨단적 주장이 유효하게 작용하는 민주주의이기도 하였다.

새삼스럽게 1904년 아베의 말에 귀를 기울이고 싶다.

"생각해 보니 우리나라의 앞날도 또한 스위스처럼 되지 않을까? 아니 그렇게 되지 않으면 안 되는 것이 아닌가?"

일본에서도 헌법 개정을 둘러싼 국민투표가 현실적으로 진행될 가능성이 있는 현재, 그의 말은 한 세기를 지나 예전과 다른 의미를 가지고 우리들에게 울림으로 다가온다고 말할 수 있다.

제6장

영국의 EU 탈퇴:

'내버려진' 사람들의

역전극

영국독립당의 비원 달성

"6월 23일은 우리들의 독립기념일로 역사에 남을 것이다."

2016년 6월 24일 새벽 영국의 EU 탈퇴의 찬반을 묻는 국민투표에서 탈퇴표가 잔류표를 확실히 넘어서자, 탈퇴 찬성파는 환희에 휩싸였다. 영국독립당 대표 나이절 패라지(Nigel Farage)는 영국의 EU 탈퇴의 불을 지핀 역할을 하였으며, 탈퇴 캠페인의 중심인물 중의 한 명이었다. 그리고 그는 그때까지 자신들이 주변적인 것으로 취급되어 온 것을 돌이켜보면서 회한에 잠겼다. 또한 그는 '영국 독립의 밤이 밝았다'고 감동하고 지지자들에게 호소하였다. 그날 아침 EU 비판을 주장하며 창당 이래 20여 년간 노력한 영국독립당의 '비원'은 실현되었다.

이 장에서는 '리버럴'이나 '민주주의'라는 서구적인 가치를 몸에 걸친 포퓰리즘 정당이 각국에서 약진하고, 정치적 영향을 준 사례를 볼 것이다. 특히 앞 장에서 스위스 국민투표의 전개와 포퓰리즘 정당의 관계에 대하여 검토하였다. 그러나 영국의 EU 탈퇴 국민투표는 자국과 EU의 진행 방향에 근본적인 전환을 초래한 중대사건이었으며 국제적으로 큰 충격을 주었다. 이 국민투표는 포퓰리즘의 영향을 받고 '민주주의'의 논리를 생각하면서 국가의 미래를 결정하는 공과를 다양하게 나타낸 것이었다.

또한 이 장에서 포퓰리즘의 장래를 생각해보면, 국민투표의 장으로 나온 '내버려진' 사람들의 존재는 시사적이었다. 포퓰리즘 정당을 지지하고 국민투표에서 저력을 발휘한 '내버려진' 사람들의 등장은 다른 국가에서도 전혀 관계없는 것은 아니다. 이 사람들의 '목소리 없는 목소리'를 대변한 포퓰리즘은 EU와 세계에 제기한 문제는 무겁다.

유럽 의회선거를 발판으로

영국독립당(UK Independence Party, UKIP)은 1993년 런던대학의 역사학자 앨런 스케드(Alan Sked) 등이 설립한 유럽 회의파(懷疑派) 정당이다. 설립 후 잠시 이 당은 '아마추어의 모임'으로 거품 정당으로 취급되었고, 1997년 영국 총선거 시점에서도 아직 '일종의 조크'로 여겨졌다. 그러나 다른 작은 정당과 여러 정치 파벌 특히 EU 문제로 국민투표를 주장하는 작은 정당의 구성원을 흡수하면서 점점 성장하였다. 또한 책상에서 학문만 연구하는 이론 지향의 스케드가 물러나고, 당 활동에 열심히 노력하는 구성원들이 당의 전면에 나서면서, 유럽연합 의회선거에서 의석 획득을 목표로 활동한 정당으로 점점 인식되었다.

그 과정에서 두각을 나타낸 것은 나이절 패라지였다. 그는 나중에 당대표가 되고 2016년 국민투표에서 전면에 나와 캠페인을 전개하였다. 원래 보수당원이었던 그는 보수정권 아래서 영국이 EU 설립을 제정한 마스트리히트 조약(Maastricht Treaty)에 참가한 것에 반발하였다. 그리고 보수당을 탈당하여 영국독립당의 설립에 참가하였다. 이데올로기보다 실천을 중시하는 그의 영향 아래서 후보자의 리쿠르트나 자금모금이 적극적으로 진행되고, 당의 저변도 확대되어 갔다.

그리고 영국독립당은 1999년 유럽연합 의회선거에서, 득표율 7.0%로 3명을 당선시키고, 2004년 같은 선거에서 16.1%의 득표율로 12명을 당선시키면서 주목을 단숨에 받게 되었다.

유럽의회는 EU 가맹국을 선거구로 하고 직접선거에 의해 의원이 선출된다. 현재의 정수는 751명인 거대 의회이다. 각국의 인구에 비례하여 의원정수가 배분되고, 각국에서 비례 대표선거를 통해 의원을 선출한다. 그 의원단이 국가를 넘어 합종연횡하고 대략 말하면 기독교 민주주의계, 사회민주주의계 등의 그룹으로 나누어져 의정활동을 한다.

다만 유럽의회는 각국 의회와 성격이 약간 다르고, 시작할 때 EC(현재 EU)에서 자문을 하는 정도에 머무르는 등 그 권한은 한정되었다. 그 때문에 각국의 유력 정당은 유럽연합 의회선거에 많은 에너지를 쏟지 않고, 투표율도 낮았다. 신당의 '실험장'으로 활용될 수 있는 '2급의 선거'로조차 여겨지기도 하였다.

그러나 이와 같은 것은 영국독립당과 같은 작은 당에는 오히려 절호의 기회를 제공하였다. 특히 2004년 유럽연합 의회선거에서 260만 표 이상 득표로 자유민주당을 능가하고, 3대 정당의 한몫을 파고드는 데 성공하였다. 이 열기는 지속되었고, 2009년 유럽연합 의회선거에서 득표율은 16.5%에 이르렀다. 13명의 의원을 당선시켜 노동당을 웃돌고, 보수당에 이어 제2당으로 진출하였다.

영국독립당이 확대될 때 초기 지지자들은 '보수적' 유권자들이었다. 영국 정치 연구자 와카마쓰 구니히로(若松邦弘)의 선거 분석에 의하면, 그들은 중장년 남성을 중심으로 잉글랜드 남동부 등 농촌 지역에 많이 거주하고, 보수당의 전통적인 지지층과 겹치는 사람들이다. 또한 그들은 유럽연합 의회선거에서 영국독립당에 투표한 유권자의 과반수에 가깝고, 지방의회 선거에서 보수당에 투표하였다는 지역조사도 있다.

이들 지역에서, 토니 블레어(Tony Blair) 노동당 정권은 도시 재생을 위한, 도시 중심의 현대적 정책을 진행하고 있었지만, 농촌이 황폐화하는 데 대한 반발도 컸다. 이러한 불만을 배경으로, 당초 지역차원에서 존재감이 없던 영국독립당은 서서히 지방의원을 당선시켜 갔다. 와카마쓰의 설명에 따르면, 잉글랜드의 농촌에서 '로컬리즘(지역주의)을 중시하는 보수계의 지지층'을 흡수하면서, 영국독립당은 어느 정도 성공하였다.

그러나 이와 같은 영국독립당은 농촌을 중심으로 지지를 서서히 굳혀 갔기 때문에, 2009년 유럽연합 의회선거에 이르기까지, 5년에 한 번 유럽연합 의회선거에서 어느 정도의 주목을 끄는 정도였다. 다른 한편으로 영국독립당은 총선거나 지방선거에서 눈에 띄는 성과를 거두지 못하였다. 영국독립당은 2009년 시점에서 아직 '큰 목욕탕을 넓혔을 뿐'이라고 평가되었다.

나이절 패러지에 의한 지지층 확대

2010년대 접어들어 영국의 정세는 변했다. 2009년 유럽연합 의회선거가 끝난 후 아직 각종 여론조사에서 영국독립당에 대한 지지는 계속되었고, 2013년 시점에서 지지율은 10%로 올라갔다. 또한 매스컴의 주목도 계속되었다. 그리고 2013년 지방선거에서 총 147석을 획득하고 약진하였다. 2014년 지방선거에서 163석, 2015년 201석을 얻고 그 열기가 계속되면서 지방에 내린 뿌리를 계속 확장하는 중에 있었다. 2010년 시점에서 1만 5,000명 정도였던 당원수도 2013년 3만 명을 넘어섰다.

이러한 지지기반의 확대를 이룩한 것은, 당내 대립을 극복하고, 2010년 당대표로 재등판한 패러지였다. 그는 반EU라는 단일 쟁점을 가진 당이라는 이미지를 불식시키려고 노력하면서, 이민 문제를 적극적으로 다룸과 동시에, 기성정치에 대한 비판을 넓혀 주목을 끄는 데 성공하였다. 유로 위기가 확대되는 가운데 루마니아와 불가리아 등 동유럽 여러 국가로부터 이민 유입 문제 등, 영국독립당은 모든 기회를 살려 비판을 계속 넓혀 갔다. 맨체스터 대학의 로버트 포드 등이 지적하는 것처럼, "유럽연합 의회선거에만 집중하는 영국독립당의 야망의 시대는……끝났다"는 것이다.

이러한 영국독립당의 약진 배경에는 당의 지지층으로부터 새로운 전개가 있었다. 이미 2000년대 중반 이후, 그때까지 보이지 않았던 층의 지지가 시작되었다. 보수적인 농촌뿐만 아니라 종래 노동당의 기반이었던. 잉글랜드 중부·북부 등 공업 지대에서 영국독립당은 지지를 확대하였다. 예전에 번영을 자랑하였던 이들 공업 지대는 산업구조의 변화로 현재 쇠퇴하고 있다. 그 결과 그런 지역의 유권자들은 현재 경제적으로 어려움에 직면해 있으면서 독립당을 지지하기 시작한 것이다. 와카마쓰는 탄광 폐쇄로 소용없게 된 옛 탄광지역 촌락, 철광업의 중심지였던 잉글랜드 중부, 섬유산업이 번성하였던 북부 등 예전에 영국 경제를 이끌어 온 지역에서 지금 기간산업의 쇠퇴로 지반침하가 드러났다고 설명한다.

영국독립당은 실업률과 사회급여의 수급률이 높고, 정치적 불만이 강하다고 생각된 이들 지역에서 활동을 전개하였다. 그리고 이들 지역에서 지지층을 개척함으로써 노동당으로부터 지방의회의 의석을 빼앗는 데 성공하였다. 실제 2012년 이후 영국독립당의 득표율이 높은 선거구에서 노동당의 급격한 득표의 감소를 보이고, 영국독립당이 노동당의 지지자를 흡수하였다는 것을 엿볼 수 있다. 특히 2013년 지방선거에서 영국독립당은 확실히 노동자층으로부터 강한 지지를 받았고, 그것이 많은 의석을 획득할 수 있게 하였다. 특히 백인으로 저학력 노동자 계층 사람들은 영국독립당 지지층의 중심을 이루었다.

그 결과 지금 영국독립당은 보수적인 농촌에, 게다가 노동자의 지지기반이었던 옛 공업 지대에도 침투하여 전국적으로 약진하는 데 성공하였다. 역시 와카마쓰의 표현을 빌리면, 영국독립당은 글로벌 도시 런던에 대한 지방의 불만, 지역 격차에 대한 반발을 혼자 떠맡고, 계급을 넘어 지지하는 지방의 일반 유권자들을 흡수할 수 있었다.

포드 등은 독립당이 크게 약진하였지만, 춘궁기라고 할 수 있는 2009년 유럽연합 의회선거에 대하여 검토하였다. 이번 선거에서 영국독립당을 지지한 사람들에 대해 두 가지 그룹으로 나눌 수 있다고 설명하였다.

첫 번째 그룹은 '보수적'인 영국독립당 지지자들이다. 그들은 보수적인 바탕 위에서 성장하고, 중년으로 비교적 풍부한 중산층이 많다. 그리고 유럽연합 의회선거에서 영국독립당을 지지하는 최대의 이유는 EU에 대한 반발이었다. 그들은 전략적인 지지자들로 유럽연합 의회선거와 총선거를 나누어 투표하였다. 그래서 총선거에서는 보수당을 비롯하여 다른 당에 투표하였다. 그러한 의미에서 그들의 본래 지지대상은 보수당을 비롯하여 기성정당이지만, 그러나 그들 정당은 비판적인 방향에서 EU를 비판하려고 생각하고 있었다. 말하자면 '전략적인 선택'으로 유럽연합 의회선거에서 영국독립당에 투표하였다.

이에 대해 두 번째 그룹은 '중심적'인 영국독립당 지지자라고 말할 수 있다. 유럽연합 의회선거뿐만 아니라, 총선거에서도 영국독립당에 투표할 의사가 있는 말하자면 충성심을 가진 사람들이다. 이런 사람들은 노동자 계급 출신이 많고, 원래 노동당 지지의 가정에서 성장하였으므로, 경제적으로 불안한 가운데, 환멸을 느끼며 영국독립당을 지지한 사람이 많다. 그들은 이민이나 외국인에 대한 반감이 강하고, 기존 정당을 불신하였다.

즉 첫 번째 그룹에 속하는 보수계의 투표자가 기성정당에 대한 영향을 중시하며 전략적으로 투표하였다면, 제2그룹의 '중심적' 지지자는 기성의 정치 지도자층에 대한 반발, 외국인 유입에 대한 강한 경계심이 영국독립당에 대한 견고한 지지의 배경이었다. 이와 같이 영국독립당은 보수층뿐만 아니라 노동당을 지지해 온 노동자층에도 점점 뿌리를 내리는 데 성공하였다.

'절도 있는 선택지'로서

다만 종래 영국에서 이러한 정치적 환멸이 강한 노동자의 지지를 어느 정도 확보해 온 것은 극우색이 강한 브리튼 국민당(BNP)이었다. 실제 브리튼 국민당의 지지층은 영국독립당에 대한 투표자 중에서 '제2그룹'과 거의 일치한다. 영국독립당의 약진은 브리튼 국민당을 압도하는 과정을 거쳐 겨우 가능하게 되었다고 말한다. 그 대항 과정을 아래에서 간단하게 살펴보자.

1982년 설립한 브리튼 국민당은 영국 정치 연구자 고보리 마사히로(小堀眞裕)가 설명하는 것처럼 이민배척을 주장할 뿐만 아니라, 친나치즘이나 반유대주의의 입장에 가깝다. 즉 극우계의 정당이다. 초대 당대표였던 존 틴달(John Tyndall)은 아돌프 히틀러의 『나의 투쟁』을 스스로 바이블이라 공언하였다. 당대표 교체 후 당의 방침은 약간 온건해졌으나, 그의 인종차별적인 자세는 기본적으로 변하지 않았고, 인종 대립을 선동함으로써 소추의 대상이 되었던 적도 있었다. 2009년 유럽연합 의회선거에서 득표율 6.2%로 두 개의 의석을 얻었고, 전국 차원의 선거에서 처음으로 의석을 획득하였다.

그러면 영국독립당은 브리튼 국민당을 어떻게 극복할 수 있었는가?

포드 등은 영국독립당은 유권자에게 브리튼 국민당 대신 '절도 있는 선택지'를 제공하였다고 설명하고 있다. 영국 유권자는 이민에 대한 엄격한 입장이나 기성정치에 대한 비판이라는 점에서 브리튼 국민당에 공감하면서도, 친나치즘적인 입장, 폭력적인 급진성에 위화감을 가진 사람들이 많았다. 영국독립당은 이러한 유권자층을 받아들이는 역할을 하였다.

실제 패라지 등은 이 점을 명확하게 인식하고 지방선거에 참가하였다. 노동자층이 많은 브리튼 국민당이 어느 정도 지지를 얻고 있는 지방선거에서 패라지 등은 펍(pub)을 돌면서, "브리튼 국민당의 인종주의적 매니페스토(선거공약)를 지지하지 않는다면, …… 우리들에게 투표하라"고 사람들에게 호소하였다. 그들이 목표로 한 것은 이와 같이 "사실 브리튼 국민당에 투표하고 싶지 않지만, 자신들을 위하여 일해 주고 있는 정치가가 그 이외 누구도 없기 때문이라고 느끼고 있는" 사람들이었다.

원래 브리튼 국민당의 존재는 영국독립당 결성 시 창립 멤버들 사이에서 깊게 인식되었다. 당명을 정할 때 창설자 스케드는 브리튼이라는 명칭을 당명으로 사용한 것은 "브리튼 국민당을 연상시켜, 인종차별적으로 여겨질 위험이 있으므로" '영국독립당'을 선택하였다.

브리튼 국민당이 2010년 접어들어 내분 등으로 쇠퇴하는 가운데, 영국독립당은 지방 차원의 활동을 열심히 하고, 브리튼 국민당 대신 폭넓게 노동자층에 호소하면서, 보다 풍요로운 층이나 여성에게 지지를 확대하는 데 성공하였다. 영국독립당이 147 석을 획득한 2013년 지방선거에서 브리튼 국민당은 한 석도 얻지 못하여 명암이 갈렸다.

정치의 뒤안길로

이렇게 하여 당의 지방 기반이 단단해지는 가운데, 종래 상대도 해주지 않던 중앙정계도, 영국독립당의 존재감을 인정해 주기 시작하였다. 예를 들면 2013년 영국의 시리아 군사 개입에 대한 반대의 논리를 펼친 패라지는 강한 주목의 대상이 되었다. 이미 전국 매스컴에서도 패라지를 무시하지 않고, 그의 주장과 영국독립당의 존재는 유권자들이 폭넓게 알 정도가 되었다.

그러한 상황에서 맞이한 2014년 유럽연합 의회선거에서 영국독립당은 마침내 2대 정당을 극복하고 제1당이 되었다. 400만 표를 넘는 지지를 얻고 득표율은 27.5%에 달하였다. 유럽의회에서 영국에 할당된 73석 가운데 영국독립당은 24석을 차지하였다. 전국 차원의 선거에서 보수당과 노동당 이외의 정당이 제1당이 된 것은 실은 1세기 만의 일이며, 이와 같은 현상은 영국 내외에 커다란 충격을 주었다.

그리고 2015년 총선거에서 영국독립당은 지난번 선거의 3.1%로부터 12.6%로 크게 득표율을 증가시켰다. 소선거구제의 벽에 막혀 획득한 의석은 한 의석에 머물렀지만, 자유민주당의 7.9%을 넘는 제3의 당이 되었다. 이 선거를 분석한 다케다 히로코(武田宏子)의 지적처럼, 만약 영국의 총선거가 비례대표제로 행하여졌다면, 하원 총 의석수 650석 가운데, 영국독립당의 의석수는 82석 정도일 것이라고 분석하였다.

여전히 총선거에서 스코틀랜드 독립을 주장하는 스코틀랜드 국민당도 약진하고 56석을 획득하였다. 데이비드 캐머런(David Cameron)이 이끄는 보수당은 소선거구제에 의해 겨우 과반수를 확보하고 정권을 존속시켰으므로, 전체로 보면 이 총선거는 영국의 유력 정당의 기반이 크게 동요하고 있음을 여실히 보여 주었다. 그리고 영국독립당은 유럽연합 의회선거, 총선거, 지방의회 선거 등 그 어느 것에서도 존재감을 충분히 발휘하는 데 성공하였다. 영국독립당은 이미 반EU 단일 쟁점에 고집하는 아마추어 정당이 아니라, 유권자를 끌어당기기 위하여 명확한 전략을 가진 프로 정당으로 변모하고 있다고 포드 등은 결론짓고 있다.

'내버려진' 사람들

그런데 이와 같은 기성 유력 정당의 쇠락 그리고 영국독립당에 대한 지지 확대를 생각할 때, 최근 가끔 지적되는 것은 영국에 '내버려진(left behind)' 사람들의 존재이다.

포드 등은 중장년인 백인 노동자를 중심으로 '내버려진' 사람들의 존재를 정확하게 지적하고, 커다란 충격을 주었다고 설명한다. 그들은 영국 사회가 일종의 분열 상황에 놓여 있으며 그리고 영국독립당에 대한 높은 지지율은 장기에 걸친 사회 경제적인 변용에 의한 '내버려진' 사람들의 출현이라고 그 구조적인 배경을 설명하였다. 그의 말을 빌리면 "영국독립당은 그때까지 오랫동안 쌓여 온 영국 사회에서 깊은 단절의 정치적인 표현"이다.

왜 분열이 생기고, '내버려진' 사람들이 생겨나는가? 포드 등은 먼저 현대 영국에서 심각한 세대 간 격차를 지적한다. 원래 50년 전 영국에서 시민의 압도적인 다수가 백인이었으며, 약 과반수의 노동자가 육체노동에 종사하고, 그 많은 사람이 노동조합에 가입하여 공공주택에 살았다. 다른 한편 대학을 졸업한 유권자는 20명 중 한 명도 없었다. 단적으로 말하면 저학력의 백인 노동자 계급이 사회의 중심이었다.

그러나 이제는 젊은 세대에서 대졸자·대학생이 40%에 이르고, 노동자에서 차지하는 전문직 종사자는 35%에 이르고 있다. 노동조합의 조직률이나 공공 주택의 거주율도 크게 저하하고, 젊은 세대에서 백인의 비율은 80%에 못 미치고 있다. 이렇게 경제적으로도 혜택 받은 고학력의 전문직 종사자들이 영국의 경제, 사회, 정치, 매스컴을 지배하는 가운데 세대 간의 격차는 점

	35세 미만	65세 이상
진정한 영국인이 되기 위해서, 조상이 영국인이라는 것은 매우 중요하다고 생각한다	13%	58%
근친자가 무슬림과 결혼하는 것을 찬성하지 않는다	27%	66%
국민투표에서 EU 탈퇴에 찬성할 예정이다	27%	47%
게이나 레즈비언 커플이 결혼할 권리를 갖는 것에 동의하지 않는다	10%	44%

출전: Ford and Goodwin, "Understanding UKIP," 2014, p. 281.

점 확대되고 있다. 특히 산업구조의 전환에 의해 고용불안에 직면한 중장년의 블루칼라 노동자들은 사회의 주변부로 쫓겨나고 있다는 것이다.

그럼에도 불구하고 이 분열은 사회 경제상의 분열에 머물지 않았다. 심각한 것은 영국 사회에서 분열이 사회의식이나 가치관에서 단절과 공진(共振)하고 있다는 것이다. 먼저 백인이 사회에서 압도적이던 시대에 태어나 성장한 중장년 세대 중 이민·외국인에 대해 부정적인 태도를 가진 사람이 많다. 또한 영국에 대해 정체성이 강한 한편, EU에는 비판적이다. 다른 한편 젊은 세대는 이민이나 외국에 대한 의식은 오히려 '관용'적이며, 영국에 대한 정체성이 엷어진 한편, EU에 대한 친근감이 강하다.

여기서 〈표 1〉을 보자. "진정한 영국인이 되기 위해서, 조상이 영국인이라는 것은 매우 중요하다"고 생각하는 사람은 65세 이상에서 58%를 차지한 데 비해, 35세 미만에서는 13%에 불과하였다. 똑같이 근친자(촌수가 가까운 일가가 되는 사람)가 이슬람교도나 비백인과 결혼하는 것을 찬성하지 않는다는 비율은, 고령자나 젊은층에서 크게 차이가 났다. 다른 한편 EU 탈퇴에 대해서 고령자의 약 과반수가 찬성하는 한편, 젊은층에서 그 비율은 4분의 1로 낮아졌다. 이와 같은 차이는 동성혼에 대한 찬성과 반대에서도 공통으로 나타나고 있으며, 동성혼을 부정하는 사람들의 비율은 고령자 쪽이 상당히 높다. 한마디로 말하면, 제국의 기억이 남아 있는 고령자 세대가 '권위주의적'인 사회규범을 가지고 있는 데 비해, 젊은 고학력 세대는 '코즈모폴리턴'적인 관용으로 유럽 지향의 가치관을 가지고 있다는 것이다.

독립당은 어떻게 지지를 얻었는가?

하지만 이와 같은 사회적 분열의 존재가 직접 영국독립당과 같은 포퓰리즘 정당의 신장을 낳았다는 의미는 아니다. 오히려 문제는 기성정당이 모두 이러한 분열상황으로부터 민심을 외면하고, 중장년의 노동자층을 '내버려' 둔 것에 있었다. 특히 종래 노동자층의 강한 지지를 받아 온 노동당은 토니 블레어 아래에서 신노동당(New Labour)이라는 당 개혁을 실행하고, 코즈모폴리턴적으로 온건한 중간층을 흡수하려고 노력하였다. 노동당이 중심을 중도 쪽으로 움직인 것은 중간층의 지지를 얻는 데 일정한 효과를 얻었지만, 반면 노동자층과 거리가 멀어져 그들의 이탈을 가져왔다. 또한 보수당도 캐머런 정권 아래서 역시 중도에 가까운 리버럴 지향을 강화해 갔다.

이와 같이 주요 정당은 모두 고학력의 중간층을 확실히 목표로 하고, 의원이나 당 활동가도 중간층 출신자가 차지하였다. 그리고 노동자층은 기성정당이 자신들의 관심을 대표하지 못하고 있다고 계속 불만을 가졌다. 실제로 노동자층에서는 자신들에게 정치적 발언권이 없다고 느끼는 비율이 중간층의 2배를 넘었다. 이렇게 '내버려진' 유권자들은 기성정당에 의해 정말로 옆으로 쫓겨나 있었다.

이 '내버려진' 사람들의 출현, 정당정치의 중도화를 배경으로 약진을 이루었던 것은 영국독립당이었다. 특히 2010년 이후 패라지 아래서 영국독립당은 이 '내버려진' 사람들에 대한 주장을 강화하고, 조직적으로 선거 전략을 진행하였다. 그리고 그들은 반EU의 주장에 더해 이민 문제를 문제 삼으면서 동시에 기존의 정치 시스템에 대한 불만, 기성정당에 대한 비판을 전면적으로 전개하였다. 이러한 상황에서 영국독립당은 정치경제 엘리트에 대한 반감이 심해지는 가운데, '내버려진' 사람들의 마음을 잡아, 그 지지를 얻는 데 성공하였다.

다케다 히로코(武田宏子)가 지적하는 것처럼, 이들 '내버려진'

사람들의 목소리를 대변한다고 주장하는 패라지 자신은 사립학교 출신으로 금융가에서 성공하였다. 오히려 엘리트층에 속하는 인물이었다. 그러나 그는 펍에서 맥주를 마시며 서민적인 모습으로 언어를 사용하면서, '내버려진' 사람들에게 친절함을 기억시키는 데 성공하였다. 그 배경에는 역시 패라지와 영국독립당이 기존의 정치적 기득권층들로부터 주변적인 위치로 쫓겨난 사실이 있으며, 그것이 '내버려진' 사람들의 공감을 얻어 지지로 이어진 것이 아닌가 하고 다케다는 지적하고 있다.

'차브(chav)들'

이런 내버려진 노동자층 사람들을 둘러싸고 1984년 출생한 젊은 논객 오언 존스(Owen Jones)의 지적도 흥미롭다.

그는 2011년 논픽션『차브(Chavs)』를 출간하였는데, 출간 이후 판을 거듭하면서 논쟁적인 책이 되었다. 그는 책에서 현대 영국에서 실업의 위기에 허덕이는 노동자 계급에 대한 관심이 한층 증가하고 있음을 확실히 설명하였다. 그리고 그는 최근 언급되는 '계급 없는 사회', '지금 모두 중산층(we're all middle class now)'이라는 언설은 환상에 불과하며, 현실적으로 일부 사람에게 부가 집중하는 한편, 격차와 빈곤이 확대되고 있음을 그는 지적하였다. 그럼에도 불구하고 자기책임 원칙이 확대되고, 근로

우선정책이 침투하는 가운데, 직장을 잡기 쉽지 않는 노동자들에게 '게으름'이라는 딱지가 붙어 사회적 비판이 가해졌다. 그러나 실제로 산업구조의 전환으로 본의 아니게 직장을 잃은 노동자에게 비판이 가해지는 것은 잘못이며, 오히려 심각한 사회적 분열을 초래하고 있다고 그는 설명하였다.

존스가 주제로 한 '차브(싸구려를 부끄러워하지 않고 저급한 취향을 내세우는 젊은이들의 문화)'는 주로 노동자 계급 출신으로, 거칠고 촌스러운 젊은층에 대한 모욕적 의미를 가지고 있는 말로 2000년대 확대되었다. 또한 공공주택에 사는 백인 노동자층을 말하는 경우가 많았다. 그리고 게으름이나 방종, 술에 취해 있고 폭력성과 같은 비문명적인 태도를 상기시키는 표현이기도 하고, 중산계급이 가지고 있는 좋은 품위와는 반대쪽에 위치하는 것이라고 알려졌다.

전 축구선수로 영국 대표팀의 주장을 맡았던 데이비드 베컴(David Beckham)도 차브 출신자로 알려져 있다. 차브 출신으로 거액의 부를 축적한 '차브 부자'에 대해서 특집을 실은 『데일리 메일』의 어느 기사는 베컴을 우선적으로 다룬 뒤, "학교 시험에서 낙제하는 것은, 비즈니스 감각이 없음을 보여 주는 것은 아닌 것 같다"고 비꼬는 듯한 필치로 그의 '출세'를 설명하였다. 어쨌든 '차브'라는 말은 중산계급에 속한 사람이 사용하는 경우 '순수한 계급간의 경멸'을 나타내는 것이라고 존스는 말한다.

이 존스의 책은 중산계급과 노동자계급을 둘러싼 사회적인 분열 상황뿐만 아니라, 대도시의 국제적으로 풍요로운 중산계급이 몰락하고 비참한 지역에 살고 있는 노동자계급으로 향하는 '시선'에 착안하였다. 그리고 두 계급의 관계성으로부터 영국에 잠재해 있는 사회적 분열을 질적으로 명확하게 한 점에서도 획기적이었다. 영국 사회가 '중산계급에 의한 중산계급을 위한' 사회가 되는 한편, 노동자 계급은 사악한 존재로 취급되고, 주변으로 쫓겨나고 있다. "영국의 계급 시스템은 보이지 않는 감옥 같다"고 그는 말하였다.

영국독립당의 약진도 이러한 맥락에서 이해할 수 있다. 노동당도 이미 노동자에게 등을 돌리고, 부유층을 위한 당으로 전락해 버린 이상, 노동자 계급의 입장을 지키고, 게다가 이민자 문제에도 노력해 주는 정당은 기성정당이 아니다. 그러한 폐쇄감 가운데, 영국독립당을 비롯하여 배외주의적 정당이나 단체가 구세주로 나타나고, 노동자층의 지지를 모으고 있다고 존스는 지적한다. 그러한 의미에서 영국독립당의 신장은 중산계급으로 하여금 노동자층으로 '관심'을 기울이게 하였다, 당연한 결과였을지 모른다.

국민투표가 실시된 2016년 판『차브』에서 존스는 새로운 머리말을 통해 초판이 간행된 2011년부터 5년간을 돌이켜본 후, "영국 사회는 점점 불공정하게 되고, 냉혹하며, 분열될 뿐이다"라고 한탄하였다. 국민투표 결과가 정말로 영국의 '분열'을 나타내는 것이었다는 것을 생각하면 그의 말은 예언적이기도 하였다.

EU 탈퇴를 둘러싼 국민투표

이와 같은 상황에서 2016년 6월 23일 영국은 EU 탈퇴를 묻는 찬반 국민투표를 실시하였다.

이와 같은 국민투표는 EU 탈퇴를 주장하는 영국독립당 등의 요구에 응해 설정되었다기보다는 유럽 회의(懷疑)파를 포함한 보수당의 복잡한 당내 정치사정 아래서 고안된 산물이었다. 원래 보수당에서는 유럽통합에 대해 비판적 입장을 가진 마거릿 대처 총리 이래, 대유럽 정책을 둘러싼 당내의 분열이 표면화되었다. 그리고 역대 당대표는 당내 유럽 회의파의 압력과 반란에 농락당했다. 1997년 이후 온건파를 포함하여 넓은 의미의 유럽 회의파는 보수당 의원의 다수를 차지해 왔다.

2005년 당대표에 취임하고, 2010년 총선거에서 승리하며 정권을 획득한 캐머런도 당내 기반이 약한 상태였으므로 당내 강경파에 대해 계속 고민하였다. 그리고 유로 위기의 확대나 동유럽 여러 국가들에 의한 이민 문제로부터, EU에 대한 영국 국내의 시선은 한층 심각해지는 가운데, 캐머런은 2013년 1월 다음 총선거에서 보수당이 단독과반수를 획득할 경우 EU와 재교섭을 거쳐 EU 탈퇴를 묻는 국민투표를 실시할 수 있다고 표명하였다. 영국 정치 연구자 이마이 다카코(今井貴子)가 지적하는 것처럼, 캐머런은 국민투표에서 EU 잔류를 확정시키면, EU를 둘러싼 분열이라는 보수당의 오래된 '지병'을 극복하고 구심력을 회복할 것이라고 생각하였다. 그러한 의미에서 이 국민투표는 직접적으로는 캐머런 정권의 당내 전략의 귀결이었다.

다만 거기서 캐머런의 선택에 그림자를 드리우고 있었던 것은, 역시 영국독립당이었다. 2010년대 접어들어 영국독립당은 각종 선거에서 보수당이나 노동당에 바싹 다가갈 정도로 성장한 상태에서, 2014년 사직한 보수당 의원이 영국독립당으로 변신(變身)하고, 보결선거에서 당선하는 전대미문의 사태가 발생하였다. 이대로라면 2015년 총선거에서 영국독립당은 보수당을 각 지역에서 위협할 정도라고 걱정되었다. 종래 지지자를 연계고리로 보수당에 투표하게 하기 위해서라도 캐머런은 매니페스토에서 국민투표를 내걸고 총선거에 임할 필요가 있다고 생각되었다.

어쨌든 간에 'EU 탈퇴 카드'를 은근히 내비친 캐머런의 전략은 당초 성공할 것처럼 보였다. 2015년 선거에서 보수당이 예상외의 승리를 거두고, 단독정권을 수립하는 데 성공하였기 때문이다. 그리고 캐머런은 공약대로 국민투표 실시를 결정한 후, 그것에 앞서 EU와 영국의 관계를 둘러싼 재교섭을 진행하였다.

그리고 유럽통합에 관해 영국에 대한 일정한 유보를 EU로부터 얻어내고, 그것을 '성과'로 국민에게 제시한 후, 정권으로서 EU 잔류를 주장하는 형태로 국민투표를 실시하게 되었다.

여기까지는 캐머런의 시나리오대로였다. 실제 국회의원의 대부분은 EU 잔류에 찬성하였다. 여당 보수당으로부터 다소의 반란표가 나오긴 하였지만, 노동당이나 스코틀랜드 국민당, 자유민주당 등의 야당을 포함하여, 주요 정치세력은 거의 잔류 찬성에 동의하였다. 경제단체나 노동조합 등의 주요단체, 매스컴 관계자나 지식인의 대부분도 비슷하였으며, 말하자면 영국의 정치·경제·문화 엘리트가 한 목소리로 EU 잔류를 주장하였다. 국민투표가 그것을 뒤집을 것이라는 것을 누가 상상이나 하였겠는가?

충격적인 결말

그러나 거기에 커다란 허점이 뚫려 있었다. EU 탈퇴파 국민들은 EU와 재교섭 '성과'에 대해 거의 평가하지 않았다. 또한 높은 지명도를 자랑하는 런던 시장을 역임한 보수당 의원 보리스 존슨(Boris Johnson)은 EU 탈퇴의 기치를 분명히 하고, 패러지와 나란히 탈퇴파의 '얼굴'로 캠페인의 중심에 서서 활약하는 예상외의 전개를 보여 주었다.

지금까지 말한 대로, 21세기 영국 정치에서 점점 잘 알려진 것은, 보수당 대 노동당이라는 20세기형의 2대 정당 간의 대립보다는 중간층의 지지를 모으는 데 급급해하는 기성정당과 '내버려진' 사람들과의 단절이었다. 글로벌하게 활약하는 유럽 지향의 엘리트들이 진행하는 EU 통합은 정말로 '내버려진' 사람들의 우려였으며, 고용과 이민을 둘러싼 문제를 업신여기는 것이라고 보여짐으로써, 불신의 생각을 가지고 받아들여졌다. 정치·경제·문화 엘리트의 대부분이 한 목소리로 탈퇴에 반대한 것은, 잔류 지지에 대중적인 지지가 모아졌다는 것을 의미하는 것은 아니었다. 국민투표에 이르는 캠페인에서 잔류파는 주로 탈퇴에 의한 경제적인 면의 손해를 강조하였지만, 그것은 이미 경제적으로 피폐한 지역에 '내버려진' 사람들의 마음을 사로잡지 못하였다.

　그러나 캐머런 정권은 엘리트 대 대중, 글로벌 도시 대 지방과 같은 균열의 표면화에도 불구하고, 승리를 확신하고 국민투표로 돌진한 것이다.

　6월 23일 국민투표는 원래 잔류파가 약간 유리하다고 알려 졌지만, 투표가 마무리되고 개표가 시작되자, 각지에서 탈퇴 찬성표(Leave)가 잔류 찬성표(Remain)를 앞서는 모습이 확실해졌다. BBC의 개표 특별 프로그램은 잔류파가 우위라고 생각되었던 선거구에서조차 탈퇴표가 다수 나오자 놀라워하면서 보도하였다. 최종적으로 탈퇴표는 1,741만 표로 52%를 차지하고, 잔류표 1,614만(48%)을 앞서는 충격적인 결과가 나왔다. 여전히 투표율은 72%에 이르렀다. 21세기 접어들어 총선거의 투표율이 60%에 머물렀던 것에 비추어 보면 국민투표를 둘러싼 유권자의 관심이 높음을 나타낸 것이라고 말할 수 있다.

이 투표결과는 이미 표면화된 영국 사회의 분열 상황을 여실히 보여 주는 것이었다. 50세 이상에서 60% 이상이 탈퇴에 찬성한 데 대해, 젊은층에서는 잔류파가 압도적이었다. 저학력층에서는 70%가 탈퇴에 찬성하였지만, 대졸자에서는 탈퇴 찬성이 30%에 머물렀다.

지역에 따른 격차도 컸다. 종래 영국독립당의 기반이었던 보수적인 잉글랜드 남부나 영국독립당이 노동당으로부터 표를 빼앗아 새로운 중심이 된 잉글랜드 북부는 탈퇴파가 다수를 차지하고, 반대로 런던에서는 잔류파가 앞섰다. 스코틀랜드나 북아일랜드에서는 잔류파가 다수 차지하였지만, 적어도 잉글랜드에 대해서 보면 지방에 살고 있는 중장년층, 저학력층을 중심으로 '내버려진' 사람들이 국제도시 런던의 엘리트층을 압승하는 역전극이 전개되었다.

투표 결과를 접하고, 캐머런 총리는 바로 사임을 표하고, 후에 정계를 은퇴하였다. 후계 총리로 잔류파였지만 온건하고 당내의 폭넓은 지지를 획득한 테리사 메이(Theresa May)가 취임하고,

EU 탈퇴를 향한 힘겨운 발걸음을 내딛게 되었다.

문화를 둘러싼 싸움

국민투표의 결과가 확실해지자, 미디어나 인터넷 상에서 놀라움과 함께 근거 없는 주장들이 나왔다. 그리고 탈퇴를 선도한 정치지도자들에 대한 비난, '무책임'하게 표를 던진 탈퇴 찬성파에 대한 심각한 비판이 분출하였다. 인터넷에서는 "우리들의 미래를 빼앗지 말기를"이라는 젊은 사람들의 비통한 절규가 넘쳤다. 투표 결과, EU 탈퇴 확정 후 인터넷에서 'EU란 무엇인가?'라는 말이 다수 검색되었다고 보도되는 것을 보면, EU에 대한 지식도 없는 상태에서 많은 유권자들이 탈퇴표를 던졌다는 느낌이 들었다.

그 결과 국제적인 문제에 관심도 없는 저학력 중장년의 '소극적인' 사람들이 배외적인 감정에 사로잡혀, 유럽을 목표로 하고 있는 장래가 총망한 젊은이들에게 멍에를 씌웠다는 이미지가 유포되어 갔다. 미디어나 인터넷을 적극적으로 활용하는 많은 사람들이 잔류파였다고 생각하면, 그와 같은 탈퇴파에 대한 비난이 언론 공간을 차지한 것은 이상하지 않다.

그러나 이번 투표 후 드러난 탈퇴 찬성파에 대한 비판적인 관점은 예전에 존스가 『차브』에서 적나라하게 보여 준 것처럼, 중산계급의 노동자층에 대한 모욕의 관심과 공통되는 점이 있었다. 그들은 지적 생활과 거리가 먼 곳에 있으며, 거친 곳에서 하루하루 생활하는 사람들은 글로벌한 시대에 등을 돌리고, 좁고 작은 지방에 틀어박혀 이민이나 외국인을 거부하는 편협한 사람들이다. 국민투표는 이와 같은 모멸적인 관심을 언어화하고, '바람직한 비판'이라는 보증을 수반한 언론 공간에 유포시키는, 생각지도 못한 기회를 제공하였다고 말할 수 있다.

하지만, 이마이 다카코가 지적하는 것처럼, "1,740만 명이나 되는 사람들이 일시적인 선동이나 감정대로 행동하였다고 간주하는 것은 설득력이 약하다." EU 탈퇴를 주장하는 유권자들은 고용이나 생활의 불안을 안고 장래 희망을 갖기 어려운 상황에서, 이민 유입을 둘러싼 막연한 불만만 가지고 있는 사람들이었다. 선거 결과를 보면, EU 탈퇴로 "주권을 회복한다"는 그들의 주장은 설득력이 있었다. 이마이의 말을 빌리면, 그들은 자기 결정권을 회복하고, 민주주의를 다시 우리들의 것으로 하는 다시없는 기회로 국민투표를 받아들이지 않았을까?

『차브』의 저자 존스는 국민투표 후 바로 가디언에 칼럼을 기고하였다. '한탄스러우면 한탄하는 것이 좋다. 그러나 눈앞의 큰 도전에 준비하자'는 제목의 글에서 존스는, 이번 투표 결과는 정말로 '노동자 계급의 반역'이었다고 평가한다. 그리고 기존의 정치가가 그들이 안고 있는 불안이나 어려움에 대응하지 못한 점이 최대의 원인이었음을 확인한 후, 탈퇴표를 던진 사람들을 비난하는 것은 "점점 사태를 악화시킬 뿐"이라고 주장한다. 왜냐하면, "탈퇴표를 던진 많은 사람들은, 이미 따돌림을 받고, 무시되고, 몹시 싫어함을 당했다고 느꼈기" 때문이다.

존스는 그들에 대한 경멸만이 이번 투표결과를 낳았고, 그 경멸의 마음을 한층 강화하여 언어화한 경우, 문제를 해결하기는커녕 오로지 더 심각한 길에 이를 것이라고 말하였다.

"몇 백만 명의 영국인이 느끼고 있는 것은 다음과 같다. 이 사회를 좌지우지하는 대도시의 엘리트들은, 자신들의 가치관이나 생활은 알지도 못한다. 그뿐만 아니라 엘리트들은 자신들의 것을 확실히 미워하고 있다. 이러한 문화를 둘러싼 싸움이 심해지는 것에 중지를 요구하기 어렵다면, 영국은 미래가 없다."

포퓰리즘 정당인 영국독립당에 의해 싸움이 시작되고, '내버려진' 사람들이 많이 등장하고, 그때까지 무대의 주역을 연출한 엘리트들에게 반대를 주장하는 장대한 역전극은 과연 어떠한 결말을 맞이할 것인가?

제7장

글로벌화하는
포퓰리즘

2016년 미국 대통령 선거: 트럼프 선풍

앞 장에서 현대 유럽 각국에서 포퓰리즘 정당의 전개를 검토하였다. 그러나 지금 포퓰리즘은 유럽 국내 정치에 국한되지 않는다. 오히려 21세기 접어들어 알 수 있듯이 포퓰리즘은 글로벌하게 확산되고 있다.

포퓰리즘의 어원이 시작되고, 미국 국민당이 해체된 지 약 1세기 지난, 2016년 미합중국에서도 본격적으로 포퓰리즘 현상이 불어대는 사태가 발생하였다. 말하자면 '트럼프 선풍'이다.

기업가 출신 도널드 트럼프(Donald Trump)가 공화당의 대통령 후보로 이름을 올린 것은 2015년의 일이다. 그는 미국 뉴욕을 기반으로, 부친으로부터 물려받은 부동산 경영을 확대하여 플라자 호텔을 매수하고, 트럼프 타워를 건설하여 수천억 원 상당의 자산을 가지고 있다. 텔레비전 프로그램의 사회자도 역임하고, '너는 해고다'라는 상투어와 함께 높은 지명도를 자랑하는 인물이기도 하였다.

트럼프는 다만 공직에서 근무한 경험이 없고, 정치가로서의 수

완도 검증되지 않아 당초 공화당에서도 거품(泡沫) 후보로 취급받았다. 그러나 그는 기득권층을 가차 없이 비판하고, 멕시코인 이민을 범죄자로 취급하는 도발적인 발언 등으로 한 번에 관심을 모으는 데 성공하였다. 그리고 그는 불법 이민의 유입을 방지하기 위하여 "멕시코와의 국경에 장벽을 건설한다"고 주장하여 논쟁을 불러일으켰다. 테러 사건 발생 후 트럼프는 이슬람교도들의 입국을 금지시켜야 한다고 주장하여 강한 비판을 받았다.

또한 트럼프는 '미국 국민의 이익'을 최우선하는 '미국 제일주의'를 전면에 내세웠다. 그리고 그는 글로벌리즘에 부정적인 입장에 서서 북미자유무역협정(NAFTA)이나 환태평양경제동반자협정(TPP)을 비판하고, 보호무역을 목표로 하여야 한다고 명확히 주장하였다. 이러한 태도는 전통적으로 자유무역을 중시해온 공화당의 정책노선에서 크게 벗어난 것이었다. 나아가 군사면에서 동맹국들에게 '응분의 부담'을 요구하여, 국제적으로 당혹감을 불러왔다.

그러나 트럼프의 발언이 비판이나 논쟁을 불러일으키면 일으킬수록 그는 주목을 끌었으며 지지가 확산되어 갔다. 그리고 트럼프 선풍 앞에서 공화당의 유력 후보는 차례차례 모습을 감추었다. 젭 부시 전 플로리다 주 지사는 대통령 경험자 2명을 가진 부자 부시 가문 출신이다. 그는 미국의 기득권층을 상징하는 인물이었지만, 트럼프의 기세에 상대가 되지 않아 물러났다. 공화당 주류파는 어찌할 도리 없이 2016년 7월 공화당 대의원 대회에서 트럼프를 당의 대통령 후보로 지명하였다.

'열세'로부터 승리로

이렇게 11월 본선거를 향해, 트럼프는 민주당의 대통령 후보 힐러리 클린턴(Hillary Clinton)과 치열한 선거전을 시작하였다. 다만 최후까지 열세라고 보였던 것은 트럼프 쪽이었다. 각종 여론조사에서 풍부한 선거자금을 모은 클린턴이 지지율에서 앞서는 상황이 계속되고, 이러한 영향으로 트럼프의 당선은 어렵다고 생각되었다. 공화당의 지도층조차 트럼프를 지지하지 않겠다는 공개 발언이 계속 되는 가운데, 트럼프는 당내도 정리되지 않은 상태에서 대통령 후보자로 선거전에 돌입하였다. 또한 『뉴욕 타임스』를 비롯하여, 미국의 유명한 신문의 반 이상이 힐러리 지지를 명확히 정한 반면, 트럼프 지지를 확실히 한 신문은 극히 일부에 머물렀다. 게다가 선거전의 종반, 과거 트럼프의 여성 비하 발언이 공개되면서 지지율은 한층 내려가고, 승패는 거의 결정되었다고 생각되었다.

그러나 2016년 11월 8일 대통령 선거의 투표가 끝나고 밤낮으로 개표가 진행되면서 예상외의 결과가 나왔다.

미국의 대통령 선거는 인구 비례로 각 주에 배분된 선거인단

(총수 538명)을 각 주에서 승리한 후보가 모두 획득하는 '승자 독식' 방식을 채택하고 있다. 그리고 각 주에서 획득한 선거인단을 합계로, 총수의 과반수인 270명을 획득한 후보가 최종적으로 승리한다. 다만 전통적으로 민주당이 강한 주(북동부나 서해안 등)와 공화당이 강한 주(남부나 중서부 등)에서 각 후보가 당연히 승리한다고 예상되었으며, 실질적인 승패를 결정하는 것은 어느 쪽도 색깔 구분이 되어 있지 않은 많은 '격전 주'라는 것이다. 그리고 이번에 많은 격전 주에서도 힐러리의 우세가 기대되었고, 당선은 확실한 것같이 생각되었다.

그러나 개표 속보는 공화당이 강한 주는 물론 플로리다 주, 노스캐롤라이나 주, 펜실베이니아 주 등 힐러리 우위로 여겨진 선거인단 수가 많은 격전 주에서도 트럼프가 우세라고 보도하여, 사람들은 크게 놀라움을 금지 못하였다. 이른 새벽 트럼프가 270명을 훨씬 넘는 선거인단을 획득하였다. 트럼프 대통령의 탄생이다. 미국은 물론 세계는 큰 충격을 받았다.

러스트 벨트

트럼프 승리를 가져온 것은 누구인가? 이 선거에서 주목된 것은 중서부로부터 북동부에 걸쳐 펼쳐져 있는, 러스트 벨트(Rust Belt: 황폐한 산업지역)라고 불리는 옛 공업지대의 사람들의 동향이었다. 위스콘신 주, 오하이오 주, 펜실베이니아 주 등이 전형적이지만, 이들 주는 격전지로 대통령 선거의 열쇠를 쥐는 주이기도 하였다.

20세기 철강업과 제조업이 융성하여 미국 경제를 이끌어 온 이 지역은 산업구조의 전환, 생산거점의 외국 이전 등의 영향을 받아 공동화되고, 20세기 이후 실업의 증가와 빈곤의 확대, 범죄나 마약에 의한 황폐화가 진행되었다. 예전에 노동조합이 강하여, 민주당의 지지기반이었지만, 공장 폐쇄가 계속되는 가운데 노조는 약체화하였다.

거기에 나타난 것이 '미국을 다시 위대하게 하자'고 호소하면서, 보호무역을 추구하여 자국 산업의 부활을 호소한 트럼프였다. 지역의 쇠퇴에 대한 위기감, 기성정치의 무대책에 대한 반발, 글로벌화에 대한 위화감을 교묘하게 구해낸 트럼프에게 예전 민주당을 지지한 백인 노동자층으로부터 큰 기대가 모아졌다. 그 결과 이들 러스트 벨트 여러 주는 거의 트럼프가 제압하고, 대통령 선거의 승패를 결정지었다.

프랑스의 역사 인구학자 에마뉘엘 토드(Emmanuel Todd)는 이에 대해 트럼프를 선택한 것은 '학대받은 프롤레타리아'였다고 평가하고 있다.

대서양의 양안에서

다만 여기에서 '황폐한 지역의 백인 노동자층'이라는 말에 기시감(한번도 경험한 적이 없는 상황이나 장면이 언제, 어디에선가 이미 경험한 것처럼 친숙하게 느껴지는 일)을 느끼는 사람은 없는가?

이 책의 관점에서 매우 흥미로운 것은 러스트 벨트의 트럼프 지지층과 영국의 EU 탈퇴를 지지한 '내버려진' 사람들과의 공통점이다.

앞 장에서 설명한 것처럼, 영국독립당 지지의 핵심이 되고, EU 탈퇴를 묻는 국민투표에서 찬성표를 던진 것은 지방의 황폐한 옛 공업지대나 탄광지역의 백인 노동자층이었다. '내버려진' 사람들을 둘러싼 상황과 미국의 러스트 벨트에서 백인 노동자층이 직면한 사회 경제적인 상황이 아주 비슷하다.

버림받은 사람들은 국제도시 런던에 모인 글로벌 엘리트의 반대쪽에 위치하고, 주요 정당이나 노조로부터 '내버려진' 사람들이다. 그리고 미국의 동해안과 서해안의 도시에 본거지를 두고 있는 정치경제 엘리트나 유명한 매스컴들도 무관심한 사람들이다. 노동당과 민주당과 같은 노동자 보호를 중시할 정당은 글로벌화나 유럽통합의 추진자로 변하고, 기성정당에 대한 실망이 확산되어 가는 가운데, 포퓰리즘 정당은 기존의 정치를 정면으로 비판하였다. 그리고 그들은 자국 우선을 주장하며 EU나

TPP, NAFTA 등 국제적인 틀을 반대하는 급진적인 주장을 전개하여 많은 지지를 받았다.

영국, 미국과 같은 글로벌 경제의 선두를 달리는 두 국가에서 똑같은 반란이 일어난 것은 우연이 아니다.

또한 사전조사에서 열세로 보였던 측—어찌되었던 간에 포퓰리즘에 친화적인 측—이 최종적으로 승리를 거두는 과정도 공통적이었다. 여론조사에서 진실을 말하지 않는, 말하자면 '숨은 트럼프 지지'나 '숨은 EU 탈퇴파'가 어느 정도 있었다고 보인다. 이런 사람들은 정직하게 회답하면 '차별적'·'배외적'이라고 보일지 몰라 투표에 앞서 답하지 않았을 것이라고 추측된다.

포퓰리즘 정당이나 정치가는 기존의 정치 엘리트에 대항할 때 스스로가 '침묵하는 다수'의 의사를 대변한다고 주장하는 경우가 많았지만, 영국과 미국의 '침묵하는 다수'는 여론조사에서도 본심을 말하지 않았다. 그러면 '침묵으로' 일관한 유권자였다고 말할 수 있을까?

트럼프는 이른 새벽의 승리연설에서 다음과 같이 말하였다.

"우리나라의 잊혀 버린 사람들은, 또다시 잊히지 않는다."

트럼프의 승리가 확정된 후, 첫 트위터 투고도 거의 같은 문장이었다. 이번 선거에서 '잊힌' 사람들이 완수한 결정적인 역할은 그들도 명확하게 인식하고 있었다.

대서양을 사이에 두고 영국의 '내버려진' 사람들에 이어서, 미국에서 '잊힌' 사람들의 역전극이 연출될 줄 누가 예상했을까?

일본에서 '유신'의 약진

그리고 지리적으로 유럽과 미국에 멀리 떨어져 있는 일본에도 포퓰리즘의 파도가 밀려왔다.

2012년 총선거에서 '일본유신의 모임'(이하 일본유신으로 표기)이 약진하고, 처음 참가하면서도 민주당 다음으로 제3당의 자리를 차지하였다. 2009년 성립한 민주당 정권은 당초 주장한 다양한 개혁의 불완전 이행으로 실패하였지만, 그럼에도 불구하고 중·참의원의 '분점국회'라는 어려운 상황 아래서, '일본유신'은 기성 2대 정당과 대결하여, 발본적인 개혁을 호소하는 새로운 세력으로 등장하였다.

그 모체가 된 것은 2010년 당시 하시모토 도루 오사카부(大阪府) 지사를 대표로 결성된 '오사카 유신의 모임'이다. 오사카 유신은 2011년 오사카 부의회·오사카 시의회 두 선거에서 승리하고, 같은 해 오사카 부지사·오사카 시장 두 선거에서 승리하면서, 오사카 부내에서 기성정당을 압도하는 존재감을 보이고, 다음해 일찍 국정에 진출하였다.

일본 정치 연구자 나카키타 고지(中北浩爾)가 지적하는 것처럼 '유신'의 특징은 그것이 가지고 있는 포퓰리즘적인 정치 방법이다. 하시모토는 자신을 스스로 보통의 시민편이고 개혁세력이라고 평가한 뒤, 특권적인 '엘리트'=저항세력과 대립이라는 선악 2원론적인 도식을 만들어, 텔레비전 등을 통해 발신함으로써, 무당파층의 폭넓은 지지를 모으는 데 성공하였다. 오사카 시장에 취임한 하시모토 도루가 시청 공무원의 '특권'을 추궁하여, 노조를 배제함으로써 시민의 지지를 얻으려고 시도하였다는 것은 서구 포퓰리즘 정당의 기득권을 비판한 것과 비슷하다.

하시모토와 포르퇴인

아직 정치가가 되기 전 하시모토 도루는 매스컴에 출연하여 과감한 이야기로 가끔 물의를 일으키고, 탤런트 변호사로 지명도를 높인 인물이었다. 그러한 하시모토가 2012년 아웃사이더로 국정에 참가하고, 신당을 세워 무당파층의 지지를 얻는 모습은, 2001년 네덜란드에서 핌 포르퇴인(Pim Fortuyn)을 생각하게 하는 것이었다(제4장 참조). 2012년 일본은 자민당과 민주당 두 기성정당에 대한 실망이 확대되고, '제3극'에 대한 기대가 높았던 시기였다. 좌우를 대표하는 기성정당은 연립을 맺어 독자성을 잃었고, '정치계급'에 대한 비판이 높았다는 점에서 2002년 네덜란드의 상황과 비슷하였다. 기성정당의 그 어느 쪽도 선택지가 없다고 보는 유권자의 환멸이 확대되었다는 점에서 비슷한 상황이 전개되었다.

정당 상황뿐만 아니라, 두 사람의 스타일도 놀랄 정도로 비슷하다. 하시모토와 포르퇴인 모두 매스컴에서 '금기'를 깨는 발언을 계속하여 찬반양론을 불러일으키면서, 기성정당에서 할 수 없는 '개혁'을 주장하고 정치에 난입하여 사실상의 개인 정당을 만들고, 매스컴의 주목을 한 몸에 받아가면서, 지지의 소용돌이를 일으켰다. 하시모토는 '갈색머리 변호사'라는 강하고 거친 이미지를 부각시켰다. 또한 포르퇴인은 빡빡 밀어올린 머리에, 세련된 옷을 입은 화려한 모습으로 매스컴이 선호하는 사람이기도 하였다. 그리고 두 사람은 어느 쪽도 기성정치가와는 다른 강한 정치지도자를 지향하고, 강력한 지도력을 발휘할 수 있는 정치체제로 개혁하기를 바라면서, '총리 공선제'의 도입을 주장했다는 점에서도 공통적이었다.

물론 두 사람의 최대의 차이는 '그 이후'에 있다. 포르퇴인은 비극적인 죽음으로 생을 마감하고, 당은 해체되었지만, 하시모토는 부의 지사나 시장과 같은 공직을 수행하면서, 중의원 제3당의 실질적인 지도자로 국정에도 강한 영향력을 미칠 수 있었다. 또한 '유신'은 여전히 오사카 지역을 중심으로 강한 지지를 유지하고 있다.

다만 하시모토는 그가 '정치생명'을 걸려고 한 오사카도 구상을 둘러싸고 오사카시의 주민투표에서 근소한 차이로 극적인 패배를 맛보았다. 그는 오사카 시장 자리에서 물러나고, 정치가로서 인생에 종지부를 찍었다. 그러한 의미에서 포르퇴인도 하시모토도 현실정치에 뛰어든 시간은 그렇게 길지 않았다. 그러나 일본과 네덜란드 양국에서 두 사람이 남긴 깊은 인상은 쉽게 지워지지 않는다. 두 사람의 등장과 퇴장이 현대 포퓰리즘 시대의 도래를 강렬하게 부각시킨 것은 부정할 수 없을 것이다.

'이번엔 다를 것이다': 2014년 유럽연합 의회선거

또한 유럽에서 21세기 초까지 통합과 확대를 거듭 진행해 온 초국가 조직 EU가 지금 포퓰리즘의 최대의 표적이 되고, 그들의 활동 무대가 되고 있다. 이미 포퓰리즘은 국내 정치의 틀에 머물러 있지 않는 존재가 되었다.

원래 1990년 이후 EU에서 '민주주의의 적자' 문제가 가끔 지적되었다. EU는 유럽위원회, 유럽이사회, 각국 정부, 유럽의회 등 여러 기관이 관련되어 있고, 복잡한 조정을 거쳐 정책이 결정되는 구조이다. 그러므로 EU는 가맹국의 국민이 정책 형성에 미치는 영향은 간접적인 수준에 머물고, 직접 참가하는 것은 거의 존재하지 않았다. 각국 차원에서 민주주의의 발전과 비교하면, EU는 민주주의가 결여되었고, '적자' 상태에 있다고 간주되었다.

EU는 처음부터 정책 과정이 복잡하므로, 관료와 정치가에 의한 조정형의 정치가 우위인 기구이다. 정말로 그것은 '실무형'의 정치(제1장 참조)의 전형이었다. 그러한 의미에서 다음 포퓰리즘의 표적에 적합한 대상이 되었다고 말할지 모른다. 특히 2014년 유럽연합 의회선거는 각국에서 EU 비판을 주장하는 포퓰리즘 정당이 크게 약진하고, 단번에 포퓰리즘을 유럽 차원의 정치 무대로 끌어올리는 기회가 되었다.

예전에 EU 의회는 권한이 약하다고 지적되었지만(제6장 참조), 거듭되는 제도 개정으로 점점 그 기능이 확대되고, 이어서 유럽위원회의 위원장을 (유럽이사회의 제안을 거쳐) 선출하는 권한도 부여되었다. 2014년 선거에서 유럽의회의 각 그룹은 새로운 제도 아래서 각각 유럽위원장 후보를 입후보시키고 선거에 들어갔다. 기독교 민주주의계 그룹, 사회민주주의 그룹 등은 자기들파의 위원장 후보를 결정하고 선거에서 싸웠다. 그러한 의미에서 각 정당은 제1후보자(후보명부 순위에서)를 내고 선거에 임하고, 승리한 정당의 제1후보자가 의회에서 총리로 선출된다. 비례대표제에 기초한 의원내각제에 가까운 방식이 채택되었다고 할 수 있다.

이렇게 유럽 시민이 선거를 통해, 유럽위원회의 위원장 선출을 좌우할 수 있게 되었다. 그래서 이 선거는 EU의 '민주화'를 상징하는 것이 될 예정이었다. 그 변화를 표현하는 것같이, 2014년 유럽연합 의회선거의 표어는 '이번에는 다를 거야(This time it's different)'로 정했다.

그러나 이 표어는 아이러니하게도 어쩌면 발안자의 의도와 다른 형태로 이번 선거 결과를 상징적으로 나타내는 말이 되었다. 유럽연합 의회선거는 권한이 증대되어 지금까지보다 많이 주목되기는 하였으나, 특히 각국의 포퓰리즘 정당은 반EU를 호소하는 보기 좋은 무대로 유럽연합 의회선거를 활용하고, 운동을 활발하게 전개하였다. 그 결과 프랑스나 영국, 덴마크 등에서 포퓰리즘 정당은 제1당으로 빠르게 올라가 존재감을 보여 주었다. 먼저 프랑스에서는 국민전선이 24.9% 득표율로, 보수정당의 민중운동연합(득표율 20.8%)과 사회당 그룹(14.0%)을 압도하였다. 그리고 영국에서는 영국독립당의 득표율은 27.5%에 달했다. 역시 2대 정당을 능가하는 성과를 거두었다.

유럽의회 전체를 보면, 최대 세력이 된 것은 각국의 기독교 민주주의계 정당이 구성하는 보수계의 유럽국민당 그룹이었다. 그러나 그 득표율은 지난번부터 크게 떨어지기 시작하여, 유럽차원에서 기성 보수정당에 어두운 그림자가 드리워지고 있음을 보여 주었다. 2014년 7월 15일 유럽의회는 유럽국민당이 옹립한 장 클로드 융커(Jean-Claude Junker: 전 룩셈부르크 총리)를 유럽위원장으로 선출하였다. 총의석수 751석의 과반수인 376표의 찬성이 필요한 가운데, 그는 422표를 획득하였다.

투표에 앞서 융커는 '유럽의 새로운 시작'이라는 주제로 정책방침을 제시하였다.

그는 거기서 EU에 대한 신뢰가 손상되고 있음을 솔직하게 인정하였다. 게다가 그는 앞으로 5년 임기 중 EU 가맹국의 확대는 하지 않겠다. 또한 민주적인 EU 개혁을 진행한다. 그리고 금융위기로 심각해진 고용상황의 개선을 최우선으로 EU의 정책을 전개하겠다고 약속하였다. 그는 "유럽을 연결하는 다리를 다시 건설하는 것"이 자신의 책임이라고 말하고, "유럽이라는 프로젝트에 시민의 신뢰를 돌리자"고 호소하였다. 이상과 같은 융커의 정책 제시와 의욕은 EU가 직면한 위기를 드러낸 것이었다.

이것에 대해 각국의 포퓰리즘계 정당은, 유럽 차원의 영향력의 확보를 노리면서 원내 각파의 결성을 목표로 합종연횡하였다. 특히 거기서 적극적으로 움직인 것은 국민전선의 마린 르펜과 네덜란드의 빌더르스였다. 각 그룹의 파벌 형성은 각 당의 생각의 차이로 어려움을 겪었지만, 2015년 6월 '국가와 자유 유럽'이 설립되고, 여기에 프랑스의 국민전선, 네덜란드의 자유당, 오스트리아의 자유당, 이탈리아 북부동맹 등의 유럽 의원들이 참가하였다.

선거제도와 포퓰리즘 정당

　여전히 포퓰리즘 정당이 국정에 진출한 뒤, 선거제도에 미친 영향은 크다. 특히 신당이 승리하기 어려운 소선거구제는 포퓰리즘 정당에 불리하게 작용하는 경우가 많았다. 예를 들면, 북유럽이나 베네룩스와 같은 비례대표제 국가들은 포퓰리즘 정당 결성 후 빠른 시기에 제법 많은 의석을 획득한다, 반면에 소선거구제인 영국과 프랑스에서는 지금까지 포퓰리즘 정당의 의석 획득은 매우 어려운 상황에 있다.

　그러나 국가의 정치 차원에서 거품으로 취급된 영국과 프랑스의 포퓰리즘 정당이 단번에 복수의 의석을 획득하고, 일약 주목을 받은 것은 유럽연합 의회선거였다. 영국독립당, 프랑스 국민전선 그 어느 쪽도 비례대표제를 실시하는 유럽연합 의회선거에서 의석을 획득한 것은 그 이후 발전으로 연결되었다. 그러한 의미에서 유럽연합 의회선거는 영국과 프랑스의 포퓰리즘 정당의 존속을 지탱해 온 귀중한 기회이기도 하였다. 유럽 차원에서 민의를 헤아리는 몇 안 되는 경로인 유럽의회가 포퓰리즘 정당에 활로를 열고, 후에 그들이 유럽 통합에 정면으로 반대하는 무대를 제공한 것은 역사의 아이러니라고 말하지 않을까?

　포퓰리즘 연구로 유명한 폴 태거트(Paul Taggart)는 이미 2000년 그의 저서에서, EU와 같은 국제조직의 존재가 한층 더 포퓰리즘의 전개 가능성을 줄 것이라고 지적하였다. 그 이후 그의 예상은 갑자기 현실감을 띠기 시작하였다.

국민전선의 현대화

프랑스·독일 두 핵심 국가는 유럽 차원의 포퓰리즘 확산에 중요하며 그리고 유럽통합을 추진한 기본 회원국이다. 특히 프랑스와 독일 두 국가에서 포퓰리즘 정당을 둘러싼 새로운 전개가 생겨났다.

먼저, 프랑스부터 보기로 하자. 국민전선은 2002년 대통령 선거에서 결선투표에 진출하고, 지방선거 등에서도 일정한 성과를 거두었다. 그러나 넘지 못할 '벽'이 있었다. 창당 이래 당대표를 역임해 온 장 마리 르펜은 우익활동가로서의 경력, 반유대주의적인 입장도 가지고 있어, '극우' 정치가의 이미지를 불식할 수 없었다. 그가 지도자로 있는 한, 국민전선은 폭넓은 유권자들에게 받아들여져 10% 넘는 득표율을 얻기 어려웠다.

그러한 국민전선에 새로운 길을 연 것은, 2011년 새 당대표에 선출된 장 마리 르펜의 3녀 마린 르펜이다. 그녀가 목표로 한 것은 국민전선의 '현대화'였다. 프랑스 정치연구자 하타야마 도시오(畑山敏夫)가 지적하는 것처럼, 그녀는 국민전선의 극우적인 유산을 없애고, 당의 이미지를 개선함으로써, 다른 유럽의 포퓰리즘 정당과 같은 폭넓은 지지를 얻어, 정권 획득의 길을 열고자 하였다. 그녀는 글로벌한 비판이나 EU 비판을 전면에 내놓음과 동시에, EU 관료에 의해 내버려진 프랑스의 민중에게 배려해야 한다고 호소하였다.

특히 그녀가 중점을 두고 있는 것은 이슬람 비판이었다. 그녀는 프랑스 공화주의를 내걸어 온 라이시티 원칙(세속주의)에 섰다. 그리고 그녀는 이슬람 이민에 의한 '프랑스의 이슬람화'를 문제시함과 동시에, '정교분리를 인정하지 않는' 이슬람을 비판하는 논법을 취하였다. 예전의 국민전선은 가톨릭 전통주의의 흐름을 존중하고, 프랑스 공화주의나 세속주의 원칙에 부정적인 입장을 취하였다. 그러나 그녀는 그 입장을 바꿔, 프랑스 국민에게 폭넓게 받아들여지고 있는 공화제의 원리를 받아들인 뒤, 이슬람을 비판하였다. 또한 그녀는 동성애자나 소수자의 권리 옹호도 계속 호소하고, 그들의 존재를 인정하지 않으려는 이슬람을 계속 비판하였다.

마린 르펜 자신은 이혼 경험이 있고, 일하면서 자녀를 키우며, 현재는 사실혼 관계를 유지 하는 등, '현대적'인 삶의 방식을 살고 있는 여성이다. 여성을 비롯하여 폭넓은 유권자에게 어느 정도의 친근감을 갖게 하는 것도 어렵지 않았다. 이렇게 하여 그녀 아래서 국민전선은 극우의 이미지를 엷게 하는 데 성공하였다. 유럽연합 의회선거에서 약진은 국제적인 주목을 받으면서,

2015년의 지방선거에서 각 지역에 진출하게 되었다.

지금 국민전선은 한발 한발 장애물을 넘어 극우의 좁은 세계를 탈피하고 프랑스 정치에서 '3대 정당'의 한 몫을 담당하기에 이르렀다.

독일을 위한 선택지

다음은 독일이다.

독일은 처음부터 서유럽 선진국 가운데 포퓰리즘 정당이 아주 곤란한 장벽에 부딪힌 국가였다. 독일 정치에는 군소정당 난립을 방지하기 위하여 의석 획득을 위해 득표율 5% 이상을 필요로 하는 제도가 도입되어 있다. 이러한 제도는 신당이 참가하는 데 장애물이 되었으며, 또한 반민주적 정당이 금지되고, 우파적 정당의 주장은 법적인 제약이 되었다. 그러므로 포퓰리즘적인 신당이 정치의 무대에 등장하는 데 어려움이 있었다. 그럼에도 독일에서는, 예전 나치 등장에 대한 반성으로부터 당당한 내셔널리즘이나 배외주의적인 주장이 기피되는 경향이 강하고, 특히 배외적인 포퓰리즘 정당은 사회적 인정을 받기 어려웠다.

그와 같은 상황 아래서 2013년 신당 '독일을 위한 선택지(AfD: Alternarative für Deutschland)'가 새로 태어났다.

이러한 당의 특징은, 중심 멤버들 중 경제학 연구자나 중소기업 경영자가 많다는 것이다. 특히 EU에 대한 비판을 기초로 금융·통화관계의 주장에 역점이 두어졌다. 독일에서는 그리스의 분식회계의 발각으로 시작된 유로 위기를 거쳐, 유로나 EU에 대한 불신이 높아져 가고 있었다. 이미 독일의 기성정당으로부터 불만이 제기되고 있었다. 왜냐하면 그리스 등 금융 불안을 안고 있는 여러 국가를 구제하기 위하여 독일이 부담을 떠맡아야 하기 때문이다. 그리고 특히 EU는 유럽 안정메커니즘(ESM)을 창설하고, 유로 안정을 위한 유로 참가국에 금융지원을 실시하는 제도를 도입하려고 하였다. 이러한 움직임에 독일의 각계각층으로부터 반발의 목소리가 높았다.

이처럼 유로 비판이 확산되는 가운데, '독일을 위한 선택지'는 2013년 4월 창당대회를 개최하고, 유로 해체, 자국 통화의 재도입 등을 명확히 주장하였다. 초대 당대표로 함부르크 대학의 경제학 교수 베른트 루케(Bernd Lucke)가 선출되었다. 그때까지 그는 경제학자의 네트워크를 중심으로 유로 구제(救濟) 메커니즘 도입에 반대하는 운동을 전개해 왔지만, 정치적 효과를 높이는 데 머무르지 않고, 스스로 정당을 창당하였다.

선거를 앞두고 급조된 정당이었지만, 2013년 연방의회 선거에서 의석 획득에 필요한 5%의 벽을 넘지 못하였으나, 처음 참가에서 4.7%의 지지를 얻어 주목을 받았다. 2014년 유럽연합 의회선거에서 득표율이 7.1%로 증가하고, 7석을 획득하였다. 주의회 선거에서도 점점 의석을 획득하였으며, 2016년 중반 이미 16개 주 가운데 8개 주에서 의석을 가지게 되었다. 특히 독일 동부의 주에서 2014년 초 주의회 선거에서 득표율 10%가 넘는 주(州)가 계속 생기면서 빠른 확산을 보였다.

'독일을 위한 선택지'를 지지한 사람들은 어떤 사람들일까? 노다 쇼고(野田昌吾)는 '독일을 위한 선택지'가 기성정당에 대한 유권자의 폭넓은 불만을 해방해 줄 수 있었던 것이 그 약진의 원인이었다고 설명한다. 실제 그 당을 지지한 투표자의 67%는 기성정당에 대한 실망으로부터 투표한 사람들이었다. 특히 중도·보수계의 유권자층에서 기독교민주동맹(CDU), 자유민주당(FDP) 등의 기성정당에 불만을 가진 사람들이 '독일을 위한 선택지'에 투표하였다. 실제 초대 당대표 루케는 CDU의 청년부에서 활동하고, 그러나 그 이후 일관된 입장을 취하지 않는 CDU의 실망을 경험하였다. 그러한 의미에서 루케는 기성정당에 대한 유권자의 실망을 대표하는 인물이기도 했다.

또한 구 동독지역에서도 '독일을 위한 선택지'는 많은 득표를 하였다. 여전히 경제적으로 뒤처져 있는 동독 지역은 원래 서쪽에 중심을 둔 기성정당 주도의 정치에 대한 위화감을 가지고 있었다. 그러나 '독일을 위한 선택지'는 독일 정부의 EU 정책은 동독쪽에 대한 투자보다도 그리스 지원을 우선시하였으므로 강하게 반발하였다. 그래서 '독일을 위한 선택지'는 반유로 입장을 취함으로써 공감을 얻고 지지를 받았다.

반이민으로 기움(경사)

다만, 당이 저변을 확대하는 가운데 독일 정치연구자 나카타니 쓰요시(中谷毅)의 지적처럼, '독일을 위한 선택지'의 변용도 진행되었다. '독일을 위한 선택지'는 지방에서 의석을 획득하기 시작하였고, 당원도 순조롭게 증가함에 따라, 반외국인·반이슬람을 비롯하여 배외주의적인 주장이 점점 당내에서 강해졌다. 루케 자신도 이민에 비판적이었다. 그리고 그는 기술 없는 외국인은 독일의 사회보장에만 계속 의존한다고 발언하였으나, 어디까지나 주안점은 반유로와 EU 비판에 있었다. 그러나 당의 확대와 함께 루케나 경제학자 등 지식인을 중심으로, 리버럴한 분위기였던 당은 모습이 변하지 않으면 안 되었다. 특히 우익 세력이 강한 옛 동독지역에서 당이 다수의 의석을 획득한 것은 당의 노선에 큰 영향을 미쳤다.

그리고 2015년 당대표 선거에서 우익세력을 배경으로 프라우케 페트리(Frauke Petry)가 루케를 꺾었다. 그 결과 루케는 당을 떠나지 않을 수 없게 되었다. 페트리 자신은 화학자로 당의 창설 멤버였고, 고향 구동독의 작센 주는 특히 우익세력이 강한 지역이었고, 작센 주의 당의 선거강령에서도 '독일을 위한 선택지'는 이민이나 이슬람에게 강경한 정책을 주장하였다.

그리고 페트리 당대표 아래서, '독일을 위한 선택지'는 유로 탈퇴의 주장에 추가하여, 반이민·반난민의 입장을 전면에 내놓았다. '이슬람교도는 독일에 속하지 않는다'는 급진적 주장을 하였고, 부르카의 착용이나 예배에 참가하라는 권유의 금지 등을 주장하였다. 페트리는 한 인터뷰에서, 이슬람교도의 증가로 독일의 '이슬람화'가 진행되고, 이대로는 독일인들이 민주주의 아래서 살아가기 어렵게 된다고 주장하였다. 그러므로 이슬람의 관습을 독일에서 실천하는 것은 금지하여야 한다고 호소하였다.

이와 같은 당내 분쟁 그리고 강경한 반이민정책에 대한 전환이 당에 부정적으로 작용하지 않았다. 『샤를리 에브도』지 피습 사건(2015)을 비롯하여 유럽 각지의 이슬람 과격파에 의한 테러 사건이 계속 발생하였다. 그리고 2015년 절정을 맞이한 중동 지역, 특히 시리아로부터 난민이 대량 유입되었다. 이러한 상황 속에서 '독일을 위한 선택지'가 반이민·반이슬람의 기치를 선명히 한 것은, 오히려 당에는 순풍이 되었다. 100만 명 규모에 이르는 난민이 유입하여 독일 여론이 분열되는 가운데, 페트리 당대표는 난민을 적극적으로 받아들인 CDU의 앙겔라 메르켈 총리를 강하게 비판하였다. 그리고 2016년 동부의 주의회 선거에서 '독일을 위한 선택지'가 계속 제2당이 되면서, 이 당의 강경한 주장은 난민 문제로 흔들리는 독일 유권자에게 설득력을 갖게 되었다.

이 당은 현재 약 2만 명의 당원을 가지고 있고, 여론조사에서도 CDU와 SPD(사회민주당)에 접근하는 지지율을 유지하고 있어서, 독일 정치의 무대에서 두드러지기 시작하였다. 다만, 페트리 당대표 그리고 라이벌이라고 말할 수 있는 CDU의 메르켈 당대표는 모두 동독 출신의 여성 과학자라는 공통점이 있고, 그런 의미에서 두 사람 모두 기정정치에서 '아웃사이더'와 같은 존재였다는 것은 주목할 만하다.

귀찮은 '선택지'로서

또한 2014년부터 페기다(Pegida: 서구의 이슬람화에 반대하는 애국적인 유럽인)라는 단체가 각지에서 출현하였다. 그리고 그것은 드레스덴을 비롯하여 독일 각 도시에서 데모를 벌여 주목을 받았다. 페기다는 비폭력을 주장하면서도 반이민·반이슬람의 입장에서 배외적인 주장을 호소하였다. 이러한 데모에 참가하는 사람들은 기정정치에 대해 강한 불만을 표시하고 '국익'을 우선시하는 경향이 강하다는 조사도 있고, '독일을 위한 선택지'의 지지층과 겹치는 부분이 많다. 실제 데모 참가자의 과반수는 '독일을 위한 선택지'에 투표하였다. 그러한 의미에서 페기다는 결과적으로 '독일을 위한 선택지'를 지지하는 풀뿌리 민주주의 차원의 운동이라는 면도 있었다.

이와 같이 '독일을 위한 선택지'는 나치즘의 대두라는 역사에 대한 반성으로부터 급진적 주장에 거부하는 입장을 취했다. 그래서 '독일을 위한 선택지'는 독일에서 지금까지 수많은 우익 정당·포퓰리즘 정당이 돌파하지 못한 벽을 넘을 수 있었다.

그 '성공'의 요인은 유로 위기와 EU 불신이었다. 먼저 '유로 해체'라는 경제·통화 정책을 주장하는 정당으로 등장하였다. 그리고 유로 문제와 이민·난민 문제, 이슬람 과격파에 의한 테러 사건과 같은 독일을 뒤흔드는 여러 가지 문제에 대해, 정부나 주요 정당과 명확하게 대결하는 형태로 주장을 전개하고, 지지를 확대할 수 있었다. 또한 당대표를 역임한 루케나 페트라 모두 지적인 이미지를 가지고 있고, 부드러운 말로 유권자에게 호소하며 일정한 '신뢰'를 얻었다는 것도 크다.

노다의 표현을 빌리면, 이 당은 '보통 시민'이 사양하지 않고 지지할 수 있는, '정치적으로 안전한 대체물'을 제공할 수 있었다.

전후 독일은 민주주의를 수호한다는 대의명분 아래, 민주주의에 적대적이라고 인정되는 세력을 거부하고 엄격한 입장으로 일관하였다. '독일을 위한 선택지'는 민주적 원칙을 전면적으로 승인하고, 그 위에 EU나 이민을 비판하며 지지를 모았다. '독일을 위한 선택지'가 일정한 성공을 거두며 걸어온 것을 돌이켜보면, 독일에 매우 귀찮은 '선택지'를 제공하는 존재라고 말할 수 있지 않을까?

지금까지 2010년대 프랑스와 독일의 동향을 살펴보았다. 포퓰리즘 정당은 양국에서, 그때까지 넘지 못한 '벽'을 돌파하는 데 성공하였다. 포퓰리즘은 이미 소국에 한정된 현상이 아니라, EU의 핵심 국가를 이룬 대국에도 침투하였다고 말할 수 있다(독일과 프랑스는 각각 인구 규모에서 EU의 제1위 그리고 제3위에 해당함). 또한 이탈리아(인구 규모는 EU 제4위)에서도 EU 비판을 주장하는 '5개의 별 운동'이 급속하게 지지를 확대하고, 로마 시장을 당선시키고 있다. 그리고 영국(인구 규모는 EU 제2위)은 국민투표를 통하여 EU 탈퇴를 선택하기에 이르렀고, EU 발족 이래 최대의 기로에 서게 되었다.

21세기의 중남미

여기서 다시 포퓰리즘의 본고장이라고 말할 수 있는 중남미로 눈을 돌려보자. 실은 중남미에서도 21세기 접어들어 포퓰리즘적인 정치 세력이 재등장하고, 정권을 획득하는 예가 계속 이어지고 있다. 베네수엘라, 볼리비아, 에콰도르 등이 이에 해당한다.

제2장에서 설명한 대로, 여전히 격차가 큰 중남미에는 '해방'형의 좌파 포퓰리즘을 낳는 토양이 있다. 정당은 허약하며, 조직되지 않은 빈곤층이 넓게 존재하는 국가에서는 '분배' 지향의 포퓰리즘을 요구하는 압력이 특히 강하다.

그 전형적인 국가는 베네수엘라일 것이다. 베네수엘라에서 기성정치에 대한 환멸이 확대되는 가운데, 기득권층의 이익을 심하게 비판한 우고 차베스(Hugo Chavez)가 빈곤층의 강한 지지를 얻어 1998년 대통령 선거에서 당선하였다.

차베스 대통령은 그때부터 석유 가격의 급등에 의한 수익을 활용하고, 빈곤층을 향한 정책을 폭넓게 전개하였다. 한편, 기성 정당과 노동조합, 석유회사 등의 기성세력과 심각하게 대립하였다. 그는 미국에 대한 반감도 강하고, 조지 W. 부시 대통령을 '악마'라고 부른 유엔 총회에서의 발언은 유명하다. 또한 차베스는 페론과 똑같이 군인 출신이었지만, 2002년 군부에 의해 구속된 후, 자신을 지지하는 대규모 대중을 동원하여 해방되는 극적인 과정을 거친 것도 페론과 아주 비슷하였다.

다른 한편으로, 성급한 개혁을 지향하는 중남미의 포퓰리즘은 많은 문제도 일으키고 있다. 역시 베네수엘라 차베스 정권 아래서 권력의 노골적인 집중, 반대파에 대한 심각한 억압도 발생하였다. 대통령 권한의 대폭적인 확대, 반정치적인 텔레비전 방송국을 억지로 무리하게 국유화, 재판관 인사에 대한 개입 등은 반발을 불러왔고, 드디어 국론은 양분되고 대립은 심각해졌다. 2013년 차베스는 병으로 사망하였지만, 석유 가격의 침체, 물건의 부족으로 불만이 높아가는 가운데, 차베스를 이어받은 포퓰리즘 계열의 정권은 강한 권력을 행사하고 있다.

'특권층'이란 누구인가?

이와 같이 중남미에서 포퓰리즘은 노동자나 빈곤층을 기반으로 사회개혁과 분배를 주장하며 '해방'을 목표로 하고 있으며, 지금도 그러한 경향이 강하다. 이것에 대해 현대 유럽의 포퓰리즘은 '리버럴'이나 '민주주의'에 계속 근거하면서도, 이민·난민의 배제를 목표로 하는 '억압'적인 경향이 현저하다.

그러면 왜 중남미와 유럽의 '두 가지의 포퓰리즘'에서 현저한 차이가 발생하였을까? 중남미형의 해방 지향의 좌파 포퓰리즘과 서구형의 억압형의 우파 포퓰리즘을 구분하는 것은 무엇일까? 아래에서는 양자의 비교를 통해, 현대 세계의 포퓰리즘의 조감도를 제공할 것이다.

거듭 강조하지만, 중남미의 포퓰리즘의 배경에 있는 것은 압도적인 사회·경제적 격차이다. 특히 예전에 대토지 소유자나 광산 경영자를 배경으로 지주나 기업주 등의 극소수의 엘리트가 정치를 독점하였다. 정치 엘리트는 사회 경제 엘리트와 일치하였으며, 그 때문에 기존의 정치를 개혁하고, 사회 경제상의 평등을 요구하는 운동은 분배 지향의 좌파적 경향을 갖지 않으면 안 되었다고 말한다. 실제 20세기 중남미에서 포퓰리즘 정권은 선거권의 확대, 외국계 기업이나 기간산업의 국유화, 노동자 보호, 빈곤층을 향한 사회정책을 충실히 진행하였으며, 최근 원주민에 대한 권리부여에도 나서는 등 좌파적·개혁적 정책이 특징적이다.

그러나 이와 같은 정치경제적 '특권층'의 특권 소멸, 빈곤층에 대한 재분배, 외국계 기업의 국유화를 비롯하여 포퓰리즘의 주장은 국가 기능의 대폭적인 확대를 전제로 한다. 포퓰리즘 정권이 그 정책을 실현하기 위해서 재정 규모의 확대, 공공 부문의 충실이 불가결하다. 그리고 20세기의 중남미 역사 가운데, 많은 포퓰리즘 정권은 실제로 국가의 역할을 강화함으로써, 다수자로서의 국민의 복리의 증진, '존엄 있는 생활'의 실현을 위하여 노력해 왔다.

이것에 대해 유럽 특히 서유럽 여러 국가에서는 상황이 크게 다르다. 서유럽에서는 공적 영역이 충실하고, 복지국가가 발달해 재분배가 진행되었다. 그래서 중남미처럼 압도적인 빈부의 격차가 있다고 말하기 어렵다. 오히려 공적부문이 발달한 서구 복지국가의 경우, 최근 거기서 비판에 직면한 것은, 오히려 공적 부문으로부터 '편익'을 향수하고 있다고 여겨지는 사람들이다. 구체적으로 생활보호 수급자, 공무원, 복지급여의 대상이 되기 쉬운 이민·난민 등이 비판의 목표가 된다. 즉 국가에 의한 재분배의 '수익자층'이 '특권층'이라 규정되고 있다.

이러한 '새로운 특권층'의 존재, 그리고 그것을 허용하고, 스스로도 단물을 빨아먹는 기성 정치가만이 포퓰리즘 정당의 아주 좋은 표적이 되었다. 유럽의 포퓰리즘 정당은 중남미처럼 부유층을 비판하고, '분배'를 요구하는 것이 아니라, 오히려 기존의 제도에 의한 '재분배'로 보호된 층을 '특권층'이라 간주하고, 그 '특권층'을 끌어내리자(강조는 저자)고 호소한다(말하자면 '삭감 민주주의'). 이 점은 최근 일본에서 '생활보호' 비판의 논리와 아주 비슷하다.

시마다 유키노리(島田幸典)는 원래 서유럽에서 "정당이나 이익단체가 긴밀한 네트워크를 만들고, 부와 권리의 분배 시스템이 견고하게 구축되어 왔다"고 설명한다. 이에 대해 포퓰리즘 정당은 그러한 시스템으로부터 소외되고, 이익이나 의견이 기존의 체제로부터 고려되지 못하고 있다는 느낌이 든다. 그래서 포퓰리즘 정당은 조직되지 못한 사람들의 불만을 구해내고 지지를 모아 왔다. 거기에는 '보다 많은 분배'를 요구하기보다, '그들에 대한 분배'를 부당하다고 생각하여, 그 부당한 분배를 지지하는 기성정당에 대한 '과감한 추궁'만이 칭찬을 받게 되었다.

독일은 2015년 난민이 위기를 맞이하자 100만 명 가까운 난민을 받아들였다. 수용 방법을 둘러싼 문제점은 지적되었지만, 이 정도 규모의 난민들에게 당분간 주택과 식사를 제공하였다. 독일의 이러한 정책적 대응은 앞으로 독일 사회로 통합을 위하여 공적 지원을 하면서 복지국가 체제를 충실하게 하려는 것이었다. 그러나 다른 한편으로 난민 구제를 정면으로 비판하는 '독일을 위한 선택지'는 바로 이 '부담'을 공격하여 지지를 얻었다.

2016년 9월 구 동독 지역의 메클렌부르크-포어포메른 (Mecklenburg-Vorpommern) 주의회선거에서 '독일을 위한 선택지'는 20.8%라는 득표율을 얻어, 사회민주당(SPD)에 이어 제2당으로 약진하였다. 그곳은 메르켈 총리의 지역임에도 불구하고, 총리가 난민구제에 적극적이라는 이유로 인기가 떨어졌다. 결국 여당 기독교 민주동맹(CDU)은 대패하여 제3당으로 밀려났다. 이 주에서 '독일을 위한 선택지'를 지지하고 있는 남성 택시 운전사는 인터뷰에서 다음과 같이 답하였다. "난민에게 생활비를 지급할 정도라면, 우리 아이들에게도 지급되면 좋겠다."

'특권층은 누구인가'라는 물음에 두 가지 포퓰리즘은 정반대의 답을 제시하였다.

지배 문화에 대한 대항

'두 가지 포퓰리즘'의 차이는 이것에만 머무르지 않았다.

중남미와 비교할 때, 유럽 포퓰리즘의 특징은 '정치문화적인 비판'이라는 측면을 강하게 가지고 있다. 반면 중남미의 포퓰리즘은 유럽 지향의 백인 우위의 문화에 대한 대항 운동이라는 측면을 가졌으며, 그 목표는 역시 국민의 정부의 발전과 사회경제적인 분배, 격차 시정에 있고, '사회 경제적인 개혁'이 그 중심에 있다.

그러나 현대 서구정치에서 포퓰리즘 정당은 복지국가의 '수익자층'에 대한 비판을 하지만, 사회 경제적인 개혁을 통하여 격차를 시정하려는 것에는 별로 관심이 없다. 오히려 그 비판의 대상이 되는 것은 현대에서 다문화주의의 확산, 정치 엘리트나 미디어 엘리트에 있어서 관용적인 가치관의 우위 등이다. 포퓰리즘 정치가의 전형적인 비판은, "기존의 정치가나 매스컴, 학계가 이민자의 범죄율이 높다는 것을 계속 인식하면서, 이에 대해 입을 다물어 왔다"는 것이다. 이민 문제를 미루어 온 소극적인 엘리트를 비판하면서, 이민을 비판한다는 '금기'를 깨는 영웅적 행위를 하는 존재로 포퓰리즘 정당은 스스로 자리매김하고 있다.

이와 같은 현대 포퓰리즘은, 대학이나 매스컴을 포함하여 지배적 가치관에 대한 문화적 대항이라는 측면이 강하다. 제3장에서 설명한 것처럼, 여전히 벨기에의 포퓰리즘에 의한 연극 비판의 사례처럼 '지배적 문화'를 비판하며 대중문화를 바꾸려는 포퓰리즘의 입장은 분라쿠(文樂: 일본의 대표적인 전통 인형극)에 대한 보조금 지원 문제를 둘러싼 하시모토 도루 전 오사카 시장의 대응과 비슷하다.

발코니와 텔레비전, 인터넷

나아가 포퓰리즘 정치가의 '모습'에도 흥미로운 차이가 있다. 중남미의 포퓰리즘 정치가는 사람들을 향하여 직접 말하기를 중시하고, 특히 '발코니에서 연설하는' 것을 기본 방식으로 여긴다. 지도자가 목소리 높여 연설하고, 발코니 앞 광장을 메운 군중들이 환호의 목소리를 외친다.

그러나 유럽의 포퓰리스트 정치가들은 대중을 향한 대규모 집회에 반드시 모든 힘을 기울이지 않는다. 미디어 특히 텔레비전을 통해 등장하고 그리고 인터넷을 통해 자신의 주장을 전개한다. 즉 중남미에서 포퓰리즘 정치가는 '발코니에서 연설하는' 데, 유럽에서는 '텔레비전을 통해 시청자에게 말하고, 인터넷을 통해 발언한다'는 차이가 있다.

이런 차이는 단지 기술의 발달 결과라고 말하기 어렵다. 중남미에서 텔레비전이나 인터넷이 보급된 지금도 아직 대중에게 직접 호소하는 방식이 강하게 남아 있기 때문이다. 그 배경에는 역시 앞에서 설명한 두 가지 포퓰리즘이 가지고 있는 목표의 차이가 아닐까? 중남미에서 포퓰리즘은 구체적으로 대중 동원을 통해 사회 경제적인 개혁을 시도하기 때문에, 개혁을 요구하는 구체적인 '대중'을 드러내 놓고 지배 엘리트에게 압력을 가하는 방법이 중시된다.

그러나 현대 유럽의 포퓰리즘에서는 지배적 가치관에 대한 문화적 대항이 중시되기 때문에, 실제로 군중을 모으는 것보다도 미디어나 인터넷을 통해 내심으로 불만을 쌓아 가고 있다. 즉 '침묵의 다수'에 호소하고 그 공감을 얻음으로써 지지를 모으려 한다. 중남미의 포퓰리즘이 문자 그대로 '다수'의 지지를 배경으로 개혁을 진행하려고 하는 데 대해, 유럽의 포퓰리즘은 '침묵의 다수'의 지지를 얻음으로써, 이민이나 난민에게 '관용'적인 정치 엘리트에게 압력을 가하고 있다고 말할 수 있지 않을까?

어찌되었든 간에, 이와 같은 유럽과 중남미의 '해방'과 '억압'이라는 두 개의 포퓰리즘을 비교하고, 각각의 사회적 배경, 논리, 스타일의 차이를 이해하는 것은 현대 세계의 포퓰리즘이 향하는 방향을 거시적인 관점에서 생각한 뒤, 중요한 시각을 제공할 것이다.

리버럴 민주주의가 안고 있는 모순

남북 아메리카에서 시작하고, 유럽을 돌아, 일본에 접근하면서 글로벌하게 포퓰리즘의 전개를 설명해 온 이 책의 여행도, 이제 마무리할 때가 되었다. 여기서 마지막으로 이 책을 통하여 확실히 중요시된 내용을 정리하면서 동시에, 조금 더 논점을 제시하려고 한다.

첫 번째는 현대 포퓰리즘은 '리버럴'한 '민주주의'와 밀접한 관련성을 가지고 있다.

이 책에서 제시된 것처럼, 현대 포퓰리즘 정당은 '리버럴형'으로 수렴하고 있다는 것을 알 수 있다. 프랑스나 오스트리아, 벨기에 등의 포퓰리즘 정당은 설립 초 반체제 색깔이 강하였다. 그이후 민족주의나 권위주의 등을 기초로 출발한 극우 성향의 포퓰리즘 정당은 모두 전환하였다. 민주주의의 틀 내에서, 이민 비판이나 기성정당 비판 등, 기존의 정치·정체의 존재 방식에 이의를 제기하는 정당으로 '진화'하고, 유권자의 지지를 획득하는 데 성공하였다. 이것은 유럽의 포퓰리즘 정당 모두가 네덜란드나 덴마크, 스위스와 같은 극우와의 연계가 아니라, 처음부터 민주주의 가운데 전개해 온 '리버럴형'의 포퓰리즘 정당의 존재 방식으로 수렴하였다고 볼 수 있다.

게다가, 현대 포퓰리즘은 '리버럴'이나 '민주주의'와 같은 현대 민주주의의 기본적인 가치를 인정하고, 오히려 그것을 끌어와 배제의 논리를 정당화한다는 논법을 취한다. 즉 정교분리나 남녀평등, 개인의 자립과 같은 '리버럴'한 가치(강조는 저자)에 기초하여, '정교일치를 주장하는 이슬람', '남녀평등을 인정하지 않는 이슬람', '개인의 자유를 인정하지 않는 이슬람'을 비판한다. 그리고 엘리트 지배에 대한 비판, 민중의 직접 참가와 같은 민주주의의 논리에 기초하여, 국민투표나 주민투표에 호소하고 기성정치의 타파를 호소하고 있다.

그렇다고 한다면, 현대 민주주의가 근거로 해 온 '리버럴' 또는 '민주주의'의 논리를 가지고 포퓰리즘에 대항하는 것은 실은 매우 어려운 작업이 아닌가? '리버럴' 또는 '민주주의'의 논리를 파고들면 들수록, '정교분리' '남녀평등'에 기초하여 반이슬람을 주장하는 포퓰리즘, '진정한 민주주의'를 주장하며 국민투표·주민투표로 소수파 배제나 EU 탈퇴를 결정하려는 포퓰리즘의 주장을 정당화하기 때문이다.

최근의 전개는 이러한 움직임을 점점 강화하고 있다. 2015년 '샤를리 에브도 사건'을 시작으로 발생한 테러 사건은 서양사회의 근간을 낳는 '언론의 자유'에 대한 도전으로 받아들이고 있다. 그러나 이러한 것은 각국의 포퓰리즘 정당이 '언론의 자유'라는 '리버럴'한 가치를 지키는 수호자의 입장에 서서, 이슬람을 비판하는 것을 정당화하고 있다. 나아가 EU 탈퇴의 찬반을 묻는 영국의 국민투표에서 나타난 민심은 정치 엘리트층의 목표와 달랐다. 그러나 포퓰리즘 정당의 주장에 따른 결과가 민의로 제기된 것은, 정말로 '민주주의'의 담당자로서 포퓰리즘 정당의 주장에 보증을 제공하게 되었다. 이렇게 하여 포퓰리즘 정당의 주장은 지금 서양사회의 기본적 가치의 옹호와 겹쳐져 강한 '설득력'을 갖게 되었다.

현대 민주주의는 포퓰리즘을 통하여 그 내재적 모순을 문제

제기하고 있다.

포퓰리즘의 지속성

두 번째, 포퓰리즘은 일과성의 것이 아니라, 어떤 종류의 '지속성'을 가진 존재라는 것이다.

포퓰리즘 현상에 대해 말할 때, 가끔 초대 지도자의 카리스마적인 자질이나, 유례없는 지도력이 주목을 받는다. 확실히 프랑스 국민전선의 장 마리 르펜, 덴마크 진보당의 글리스트럽, 오스트리아 자유당의 하이더를 비롯하여, 포퓰리즘 정당의 창설자나 기성 정당을 포퓰리즘 정당으로 전환시킨 중심인물들은 모두 말재주가 있는 사람들이고, 무당파층에게 호소하는 힘에서 행운을 얻고, 당을 이끄는 지도력의 소유자였다. 그들의 존재 없이 현재의 유럽에서 포퓰리즘 정당이 발전하고 후퇴하는 것은 없었을 것이다.

그러나 주의하지 않으면 안 되는 것은, 초대 지도자들 중에서 지금 남아 있는 사람들이 거의 없다는 것이다. 게다가 장 마리 르펜, 하이더, 글리스트럽과 같은 창당자들은 모두 탈당이나 제명으로 스스로 육성시킨 당을 어쩔 수 없이 떠나야 하였다. 이와 같이 창당한 사람이 당으로부터 쫓겨나는 예는 영국독립당이나 '독일을 위한 선택지'에서도 볼 수 있다.

일반적으로 포퓰리즘 정당의 운명은 카리스마적 지도자의 강렬한 지도력이나 발언력에 크게 의존하고 있다. 그러나 실제로 카리스마적인 지도자가 당을 떠난 경우에도, 그 이후 언젠가 새로운 적임자를 지도자로 얻고, 한층 발전을 이룬 예가 많다. 포퓰리즘 정당은 기성정당이 선택하기 어려운 복지 배외주의나 반EU 정책이념들을 선호한다. 각국의 포퓰리즘 정당은 기존의 정치에 위화감을 가진 유권자의 지지를 받는 데 성공하였고, 특정 지도자의 강렬한 발언력에 의해 지지되는 부동표라는 존재를 벗어나고 있다. 비교정치학자 나카야마 요헤이(中山洋平)도 유럽 각국에서 복지배외주의의 압력이 포퓰리즘 정당의 전개와 일치하고 있다고 설명하고, 앞으로 포퓰리즘 정당의 '생존' 가능성을 지적하고 있다.

이러한 상황은 일본에서도 공통으로 나타나고 있다. 하시모토 도루의 강렬한 호소력으로 정치의 무대에 등장한 '유신'은, 하시모토의 '퇴장'으로 구심력을 잃자 당초 예상된 대로, 당으로서 장래가 위태롭다는 목소리도 있었다. 그러나 하시모토가 정치를 떠난 이후도 많은 사람들의 예상을 깨고, '유신'은 오사카 지역을 중심으로, 총선거나 지방선거에서 여전히 상당한 존재감을 보이고 있다. 이러한 사실도 또한 포퓰리즘 정당의 '지속성'을 생각할 때 중요하지 않을까?

'개혁 경쟁'이라는 효과

세 번째, 포퓰리즘이 현대 정치에 미치는 '효과'이다. 특히 여기서 포퓰리즘이 민주주의에서 '개혁'과 '재활성화'에 미치는 영향에 대해 검토하려고 한다.

이미 제1장에서 소개한 것처럼, 포퓰리즘을 비교 연구한 무데와 칼트와서는 민주주의가 정착한 선진 국가에서 포퓰리즘 정당의 성장은 민주주의에 나쁜 영향을 미쳤다고 말할 수 없다고 설명한다. 특히 포퓰리즘 정당이 야당에 머무르는 경우, 민주주의에게 좋은 영향을 미친다고 설명한다.

그것은 왜 그런가? 포퓰리즘 정당의 진출은 기성정당에 강한 위기감을 가져다주지만, 그것은 기성정당에 개혁을 촉구하는 효과를 갖는다. 포퓰리즘 정당의 비판을 정면에서 받고 있는 기성정당은, 그 비판을 피하고 지지층의 포퓰리즘 정당에 대한 유출을 방지하기 위하여, 스스로의 개혁을 촉구하기 때문이다. 그 개혁은 당의 정책 내용으로부터 당 전체의 존재 방식에 이르기까지 미친다. 즉 기성정당은 그때까지 경시해 온—그러므로 포퓰리즘 정당으로부터 무대책이라고 비판된—정책을 직접 다루면서 동시에, 구태의연한 당의 이미지를 불식시키기 위하여 노력하지 않으면 안 되었다. 그리고 개혁 경쟁을 통하여, 기성정치에 위화감을 안고 있었던 사람들의 불만을 받아들이게 되었다.

이렇게 하여 포퓰리즘 정당은 잠재적인 정치적 불만에 응하는 것으로 민주주의에 대한 신뢰 회복에 공헌할 가능성이 있다고 말한다.

특히 포퓰리즘 정당이 야당에 머무는 경우 그 정책적 영향력은 제한된다. 포퓰리즘 정당이 내걸고 있는 급진적인 이민·난민정책, 치안정책의 대폭적인 강화 등은 기성정당을 통해 간접적으로 정책에 영향을 미치므로, 야당이기 때문에 그대로 실현하기는 어렵다.

원래 선진국에서는 권력분립을 비롯하여 권력을 억제하기 위한 틀이 설치되어 있으며, 민주주의를 지키기 위한 장치가 겹겹이 설치되어 있다. 그 결과 예를 들면 포퓰리즘 정당이 여당인 경우에도 그 영향력은 한정되고, 민주주의의 근간에 관한 정치체제 그것에 대폭적인 개혁을 하기 매우 어렵다.

사회의 '재활성화'

확실히 벨기에의 포퓰리즘 정당 VB에 대해 설명한 것처럼 (제3장), 포퓰리즘 정당의 등장은 기성정당에 충격을 가하고 개혁 경쟁을 촉구하였다. 실제로 네덜란드의 정치학자 드 랑에(De Lange)와 아케르만(Akkerman)은 VB가 가져온 벨기에 정치의 변화에 기초하여, 포퓰리즘 정당의 진출이 벨기에 민주주의에 미친 영향에 대해 약간 긍정적으로 보고 있다. 오히려 각 당이 유권자의 동향에 민감하며, 말하자면 정당의 '민감성'이 높아졌다는 점에서, 정치의 '재활성화'에 공헌한 면이 있으며, 전체로 보아 긍정적인 영향이 크지 않을까라고 그녀들은 주장한다.

정당정치로부터 사회 차원으로 눈을 돌리더라도, '재활성화'라는 지적은 확실히 적합하다. 원래 벨기에의 VB에는 그때까지 정치에 관여하지 않았던 층이 참가하기도 하고, 그러한 의미에서 사람들의 정치참여를 촉진하는 면이 있었다. VB는 안트베르펜에 커뮤니티 센터를 개설하여 지역에 뿌리 내린 활동을 전개하고, 바비큐 개최로부터 음악제에 이르기까지 보통 사람들이 참가하기 쉬운 행사를 실시하였다. VB는 벨기에 정당으로서 예외적으로 당원의 대폭적인 증가를 이루었지만, 거기서 이와 같은 적극적인 활동을 수행한 역할은 크다.

또한 VB의 진출에 대한 다양한 대항운동도 활발해졌다. VB의 득표수를 넘는 서명자 모으기 서명운동, 대규모 데모, 콘서트 등이 개최되고, VB의 주장에 반론하면서 동시에 '관용'의 중요성을 알렸다. 특히 2006년 블렌데렌(Vlenderen) 각지에서 개최된 일련의 콘서트 이벤트는 유명하고, 다수의 저명한 예술가가 참가하고 참가자는 10만 명을 넘었다.

콘서트 이벤트의 주최자의 목표는 VB의 인종주의를 비판하는 것만이 아니라, VB 지지자의 수를 웃도는 많은 사람들이 참가하여 반VB 이벤트를 성공시키는 것으로, "VB가 블렌데렌의 민중을 대표하고 있다"는 VB측의 주장에 반박하는 데 있었다. VB의 약진과 그것에 대하는 반대운동의 활성화를 통하여, 말하자면 '민중의 대표'를 둘러싼 대항이 사람들의 눈앞에 전개되게 되었다.

여기서 흥미로운 것은, VB의 진출 이후, 벨기에 사람들의 정치 불신이 높아진 것이 아니라, 오히려 저하하고 있다는 것이다. 실은 벨기에의 정치제도나 민주주의에 대한 사람들의 신뢰도는, 1997년 이후 상승하는 경향이다. 직접적인 이유는 명확하지 않지만, VB의 약진으로 기성정당이 위기감을 느끼고, '열린' 정당을 지향하면서 개혁경쟁을 전개한 것이, 정치 불신을 어느 정도 해소하는 데 공헌하였을 가능성이 있다는 것이다.

드 랑에와 아케르만은 "VB는 기성정당에 만족하지 않는 사람들이 불만을 표출하는 정당으로, 정치 불신으로 인한 불만을 표출하는 배출구 역할을 하였으며, 말하자면 벨기에 정치의 안전판으로 기능하지 않았을까?"라고 설명하고 있다.

정말로 안전판인가?

포퓰리즘 정당의 발전은 기성정당에 대한 불만의 정도를 보여 주었다는 점에서, 민주주의의 '위기'를 보여 주는 것이었다.

다만 동시에 여기서 본 것처럼, 포퓰리즘 정당이 기성정치에 대한 불만을 가지고 있는 사람들에 대해, 불만을 표출하는 경로가 된다면, 오히려 유용한 안전판일지 모른다. 또한 포퓰리즘이 '금기'를 깨고, 서슴없이 문제 제기를 받아들이고, 국민적인 논쟁이 전개되고, 결과적으로 정치에 대한 신뢰가 회복된다면, 그것은 의미가 있다고도 말할 수 있다.

그렇다면, 그 안전판이 정말로 기대된 것처럼 작동하는지는 정해져 있지 않다.

2016년 필리핀 대통령에 당선된 로드리고 두테르테(Rodrigo Duterte)는 과격한 발언으로 '필리핀의 트럼프'라고 불리고, 동아시아에 나타난 포퓰리즘적 지도자로 주목을 받았다. 그러한 그는 대통령 취임 후 마약범죄 용의자 등에 대한 살해를 인정하고, 그 결과 경찰에 의한 '초법규적 살인'이 전국에서 전개되기에 이르렀다. 그러나 이것은 강경한 방법에 의한 인권무시라고 비판되었음에도 불구하고, 민중은 두테르테 대통령에게 강한 지지를 보냈다.

기성정치에 대한 비판, 불만의 표시는 그것이 법치국가의 틀 안에서 원만하게 해결된다면 의미를 가질 수 있다. 그러나 실제로 안전판이라고 생각한 포퓰리즘이 오히려 제어 불가능할 정도로 넘쳐날 위험성도 있다.

현대 민주주의는 포퓰리즘을 교묘히 사용할 정도로 성숙해 있다고 말할 수도 있지 않을까? 신중하게 지켜볼 필요가 있다.

디너파티의 술 취한 손님

포퓰리즘은 '저녁 식사 자리의 술 취한 손님'과 같다. 멋진 저녁 식사에 나타나, 그는 겉모습에 개의치 않고, 소리 지르는 술 취한 사람으로, 손님으로 초대되지 말았어야 할 인물이다. 그리고 그는 그 장소의 부드러운 분위기를 어지럽히고, 길게 늘어선 사람들이 눈살을 찌푸리게 하는 존재였다. 그러나 손님이 외치는 말은, 때로는 참석자가 결코 말하지 못하는 공공연한 비밀을 말하면서, 사람들을 내심 덜컥 놀라게 하기도 한다. 그 손님은 서슴없이 '금기'를 파고들어, 숨겨진 기만을 폭로하는 존재이기도 하다.

민주주의라는 분위기 있는 파티에 출현한 포퓰리즘이라는 취객이다. 파티에 참석한 많은 손님들은 이 취객을 환영하지 않을 것이다. 하물며 손을 잡고 저녁 식사로 안내하려고 하지도 않을 것이다. 그러나 포퓰리즘의 출현을 통해, 현대 민주주의라는 파티는 그것이 안고 있는 본질적인 모순을 나타냈다고 말하지 않을 것이다. 그리고 곤란한 듯이 표정을 짓는다 하더라도, 사실은 내심으로 취객의 중대한 지적에 남몰래 수긍하는 손님이 많지 않을까?

샹탈 무페(Chantal Mouffe)가 지적하는 것처럼, 현대 민주주의가 안고 있는 문제에 진지하게 대응하지 않는다면, 불만은 계속되고 '보다 폭력적인 표현 방법을 취할 가능성'조차 있을 수 있다. 취객을 문밖으로 내쫓는다 하더라도, 이번에는 무리하게 창문을 깨고 들어온다면, 파티는 그야말로 엉망이 될 것이다.

맺음말

21세기는 포퓰리즘의 세기가 될 것인가?

이 책에서 제시한 것같이, 신세기에 들어서 포퓰리즘의 세력이 유럽 각국에서 발전하고, 일본과 미국 그리고 중남미를 포함하여 국제적인 확산을 보이고 있다. 그리고 2016년 6월 EU 탈퇴를 둘러싼 영국의 국민투표 결과는 세계를 뒤흔들었고, 같은 해 11월 미국 대통령 선거에서 놀랍게도 트럼프가 당선되었다.

그러면 배외적인 주장을 외치면서, 기성정치를 단죄하는 현대 포퓰리즘은 민주주의의 적인가? 20세기를 통해 사람들이 이룩한 자유와 민주주의를 뒤엎고, 역사의 수레바퀴를 역전시키는 움직임인가?

이것은 그렇게 단순한 것은 아니다. 이 책에서 확실히 설명한 것처럼, 현재의 포퓰리즘은 예전의 극우적, 반민주적인 자세를 사실상 없앤 후, 다른 정당과 똑같이 통상 민주정치의 참가자로서 이미 그 위치를 확보하고 있다.

그럼에도 불구하고, 21세기 유럽의 포퓰리즘은 현대 민주주의에 근거하고 있는 리버럴한 가치, 민주주의의 원리를 적극적으로 받아들여, 리버럴의 방어자로서, 남녀평등이나 정교분리에 입각하여 이슬람 이민을 비판한다. 또한 민주주의의 입장으로부터 국민투표를 통해, 이민 배제나 EU 탈퇴를 결정해야만 하는 논리를 전개한다. 현대 포퓰리즘은 민주주의의 '내부의 적'(츠베탕 토도로프)으로 나타나고 있다. 그 논리를 비판하는 것은 쉽지 않다.

그럼에도 불구하고 이 책에서 설명한 것처럼, 현대의 포퓰리즘에는 기성정치에 긴장감을 불어넣고, 침체된 기성정치에 개혁을 촉구하며, 활성화시키는 효과도 있다고 지적할 수 있다. 포퓰리즘 정당과 기성정당이 계속 대치하면서, 쟁점을 명확히 하면서 유권자의 지지를 얻으려고 경쟁한다면, 그것은 민주주의에 일정한 의미를 가질 것이다.

그렇다고 하더라도 그 '활성화'에는 해방과 억압, 열광과 비난, 매력과 위험이 교차하는 포퓰리즘 등과 같은 다양한 위험도 따라 다닌다. 21세기의 민주주의는 좋든 싫든 관계 없이, 그 힘겨운 '내부의 적'과 정면으로 맞서야 하는 어려움이 요구되고 있다.

이 책을 간행하게 된 경위에 대하여 간단히 말하려고 한다.

필자가 네덜란드를 배경으로, 복지 개혁과 이민 배제의 논리를 분석한 『반전하는 복지국가』를 출판한 것은 2012년이다. 그 이후 포퓰리즘은 유럽 각국이나 EU에서 한층 더 발전하였다.

그러한 상황을 지켜보면서, 정치학자로서 포퓰리즘을 포괄적으로 다룬 책을 정리하고, 세상에 그 물음에 답하는 작업이 필요하지 않을까 생각했다.

그러한 때 신서의 집필을 권유해 주신 분이 주오코론샤의 다나카 마사토시(田中正敏) 씨였다. 그의 조언에 감사함과 동시에 『포퓰리즘이란 무엇인가』라는 제목으로 내가 제안하여 집필이 시작되었다. 다나카 씨로부터 적확한 조언을 받아가면서 계속 집필을 진행하는 작업은 2년 정도 걸렸다. 그리고 이상하게도 영국의 EU 탈퇴를 묻는 국민투표, 트럼프의 미국 대통령 당선이라는 격동의 2016년 말에야 이 책을 세상에 내놓게 되었다.

이 책을 집필할 때, 많은 연구자들로부터 도움을 받았다. 모든 사람들의 이름을 열거하지 못하여 아쉽지만, 특히 JSPS 과연 비기초연구(B) '유럽보수정치의 구조변용'(연구대표자 미즈시마水島: 과제번호 25285038) 연구에서 다구치 아키라(田口晃), 나카야마 요헤이(中山洋平)를 비롯하여 여러 선생님들로부터 많은 지도를 받았다. 또한 사토 히로유기(佐藤弘幸), 미야모토 다로(宮本太郎), 오가와 아리요시(小川有美), 시마타 유키오(島田幸典), 니시카와 겐세이(西川健誠), 다니구치 마사키(谷口將紀), 우치카와 미도리(內川みどり), 구니스에 노리토(国末憲人), 마쓰오 히데야(松尾秀哉), 사쿠우치 유코(作內由子), 다이라 신노스케(平進之介), 코엔 보센(Koen Vossen), 바트 판 풀헤이스트(Bart van Poelgeest), 데트

레프 반 헤스트(Detlev van Heest) 등 여러 분들로부터 귀중한 자극을 받았다.

나아가 본 연구에 있어서 과연비(科研費)기초연구(B) 국제이동의 실천과학(과제번호: 16KT0085), 신학술영역연구 정치경제적 지역통합(과제번호: 16H06548) 및 지바대학 리딩 연구육성 프로그램 미래형공종사회연구(특히 주임연구원 하마다 에리코濱田江里子)의 지원도 받았다.

가족들로부터는 항상 따뜻한 격려를 받고 있다. 지금까지 많이 신세를 진 여러분에게 이 자리를 빌려 후의에 감사드린다.

2016년 11월
트럼프가 미국 대통령에 당선된 달에
미즈시마 지로

참고 문헌

들어가는 말

Canovan, Margaret, 1999, "Trust the People! Populism and the Two Faces of Democracy," *Political Studies*, Vol. 47, no. 1, 1999, pp. 2-16.

제1장

Betz, Hans-Georg, 2013, "Mosques, Minarets, Burqas and Other Essential Threats: The Populist Right's Campaign against Islam in Western Europe," in Ruth Wodak, Majid KhosraviNik and Brigitte Mral eds., *Right-Wing Populism in Europe: Politics and Discourse*, London: Bloomsbury, pp. 71-87.

Canovan, Margaret, 1999, "Trust the People! Populism and the Two Faces of Democracy," *Political Studies*, Vol. 47, no. 1, pp. 2-16.

De Lange, Sarah L. and Akkerman, Tjitske, 2012, "Populist Parties in Belgium: A Case of Hegemonic Liberal Democracy?," in Cas Mudde and Cristóbal Rovira Kaltwasser eds., *Populism in Europe and the Americas: Threat or Corrective for Democracy?*, Cambridge: Cambridge University Press, pp. 27-45.

Mouffe, Chantal, 2005, "The 'End of Politics' and the Challenge of Right-Wing Populism," in F. Panizza ed., *Populism and the Mirror of Democracy*, London: Verso, pp. 50-71.

Mudde, Cas and Cristóbal Rovira Kaltwasser eds., 2012, *Populism in Europe and the Americas: Threat or Corrective for Democracy?*, Cambridge: Cambridge University Press, 2012.

Mudde, Cas and Cristóbal Rovira Kaltwasser, 2012, "Populism and(liberal) Democracy: A Framework for Analysis," in Cas Mudde and Cristóbal Rovira Kaltwasser eds., *Populism in Europe and the Americas: Threat or Corrective for Democracy?*, Cambridge: Cambridge University Press, pp. 1-26.

Mudde, Cas and Cristóbal Rovira Kaltwasser, 2012, "Populism: Corrective and Threat to Democracy," in Cas Mudde and Cristóbal Rovira Kaltwasser eds., *Populism in Europe and the Americas: Threat or Corrective for Democracy?*, Cambridge: Cambridge University Press, pp. 205-222.

Panizza, Francisco, 2005, "Introduction: Populism and the Mirror of Democracy," in F. Panizza ed., *Populism and the Mirror of Democracy*, London: Verso, pp. 1-31.

Pelinka, Anton, 2013, "Right-Wing Populism: Concept and Typology," in Ruth Wodak, Majid KhosraviNik and Brigitte Mral eds., *Right-Wing Populism in Europe: Politics and Discourse*, London: Bloomsbury, pp. 3-22.

Taggart, Paul, 2000, *Populism*, Buckingham: Open University Press.

Torcuato, S. Di Tella, 1997, "Populism into the Twenty-first Century," *Government and Opposition*, Vol. 32, no. 2, pp. 187-200.

Weyland, Kurt, 2001, "Clarifying a Contested Concept: Populism in the Study of Latin American Politics," *Comparative Politics*, Vol.34, no.1. pp. 1-22.

『朝日新聞』「橋下・大阪市長インタビュー」2014年3月27日.

大嶽秀夫, 2003, 『日本型ポピュリズム―政治への期待と幻滅』中公新書.

大嶽秀夫, 2008,「ポピュリズムの比較研究に向けて」『レヴァイアサン』42号, 6-8.

古賀光生, 2013,「戦略・組織・動員(1)―右翼ポピュリスト政党の政策転換と党組織」『国家学会雑誌』126巻 5·6号, pp. 371-437.

『産経West』「橋下氏会見詳報(2)」2015年 5月 18日, http://www.sankei.com/west/news/150518/wst1505180013-n2.html(2016年 10月 30日 閲覧).

島田幸典, 2011,「ナショナル・ポピュリズムとリベラル・デモクラシ―比較分析と理論研究のための視角」河原祐馬・島田幸典・玉田芳史編『移民と政治―ナショナル・ポピュリズムの国際比較』昭和堂, pp. 1-25.

島田幸典・木村幹編, 2009,『ポピュリズム・民主主義・政治指導―制度的変動期の比較政治学』(MINERVA比較政治学叢書)ミネルヴァ書房.

杉田敦, 2013,『政治的思考』岩波新書.

高橋進・石田徹編, 2013,『ポピュリズム時代のデモクラシ―ヨーロッパからの考察』法律文化社.

トドロフ, ツヴェタン, 大谷尚文訳, 2016,『民主主義の内なる敵』みすず書房.

土倉莞爾, 2014,「2013年参議院選挙と現代日本の政治状況に関する一考察」『関西大学法学論集』第63巻 第5号, pp. 1-41.

野田昌吾, 2013,「デモクラシ―の現在とポピュリズム」高橋進・石田徹編『ポピュリズム時代のデモクラシ―ヨーロッパからの考察』法律文化社, pp. 3-24.

水島治郎, 2012,『反転する福祉国家―オランダモデルの光と影』岩波書店.

宮本太郎, 2013,『社会的包摂の政治学』ミネルヴァ書房.

ムフ, シャンタル, 片岡大右訳, 2016,「ブレグジットは有益なショックにな

りうる」『世界』2016年9月号, pp. 195-198.

山本圭, 2012,「ポピュリズムの民主主義的効用―ラディカル・デモクラシー論の知見から」日本政治学会編『現代日本の団体政治』(年報政治学2012-II)木鐸社, pp. 267-287.

山本圭, 2016,『不審者のデモクラシー―ラクラウの政治思想』岩波書店.

吉田徹, 2011,『ポピュリズムを考える―民主主義への再入門』NHKブックス.

第2章

Conniff, Michael L., 2012, "Introduction," in Michael L. Conniff ed., *Populism in Latin America*, Second Edition, Tuscaloosa: The University of Alabama Press, pp. 1-22.

Elena, Eduardo, 2011, *Dignifying Argentina: Peronism, Citizenship, and Mass Consumption*, Pittsburgh: University of Pittsburgh Press.

Horowitz, Joel, 2012, "Populism and its Legacies in Latin America," in Michael L. Conniff ed., *Populism in Latin America*, Second Edition, Tuscaloosa: The University of Alabama Press, pp. 23-47.

Jansen, Robert S., 2015, "Populist Mobilization: A New Theoretical Approach to Populism," in Carlos de la Torre ed., *The Promise and Perils of Populism: Global Perspectives*, Lexington: The University Press of Kentucky, pp. 159-188.

Kaltwasser, Cristóbal Rovira, 2015, "Explaining the Emergence of Populism in Europe and the Americas," in Carlos de la Torre ed., *The Promise and Perils of Populism: Global Perspectives*, Lexington: The University Press of Kentucky, pp. 189-227.

Kazin, Michael, 1998, *The Populist Persuasion: An American History*, Revised

Edition, Ithaca, Cornell University Press.

Mudde, Cas and Cristóbal Rovira Kaltwasser, 2012, *Populism in Europe and the Americas: Threat or Corrective for Democracy?*, Cambridge: Cambridge University Press.

Oxhorn, Philip, 1998, "The Social Foundations of Latin America's Recurrent Populism: Problems of Popular Sector Class Formation and Collective Action," *Journal of Historical Sociology*, Vol. 11, no. 2, pp. 212-246.

Panizza, Francisco, 2013, "What Do We Mean When We Talk About Populism," in Carlos de la Torre and Cynthia J. Arnson eds., *Latin American Populism in the Twenty-First Century*, Washington, D.C.: Woodrow Wilson Center Press, pp. 85-115.

Roberts, Kenneth, 2012, "Preface," in Michael L. Conniff ed, *Populism in Latin America*, Second Edition, Tuscaloosa: The University of Alabama Press, pp. ix-x.

Roberts, Kenneth, 2013, "Parties and Populism in Latin America," in Carlos de la Torre and Cynthia J. Arnson eds., *Latin American Populism in the Twenty-First Century*, Washington, D.C.: Woodrow Wilson Center Press, pp. 37-60.

Schamis, Hector E., 2013, "From the Peróns to the Kirchners: 'Populism' in Argentine Politics," in Carlos de la Torre and Cynthia J. Arnson eds., *Latin American Populism in the Twenty-First Century*, Washington, D.C.: Woodrow Wilson Center Press, pp. 145-178.

今井圭子, 2005, 「ラテンアメリカの経済」国本伊代・中川文雄編著『ラテンアメリカ研究への招待[改訂新版]』新評論, pp. 93-118.

今井圭子, 2005, 「ラプラタ地域」国本伊代・中川文雄編著『ラテンアメリカ研究への招待[改訂新版]』新評論, pp. 273-299.

遅野井茂雄, 2005,「ラテンアメリカの政治」国本伊代・中川文雄編著『ラテン
　アメリカ研究への招待[改訂新版]』新評論, pp. 69-92.

斎藤眞, 古矢旬, 2012,『アメリカ政治外交史』東京大学出版会.

恒川惠市, 2008,『比較政治―中南米』放送大学教育振興会.

中川文雄, 2008,「ラテンアメリカの社会」国本伊代・中川文雄編著『ラテンア
　メリカ研究への招待[改訂新版]』新評論, pp. 119-146.

松下洋, 1987,『ペロニズム・権威主義と従属―ラテンアメリカの政治外交研
　究』有信堂高文社.

村上勇介, 2015,『21世紀ラテンアメリカの挑戦―ネオリベラリズムによる亀
　裂を超えて』京都大学学術出版会.

第3章

Al Jazeera America, 2015, "After Charlie Hebdo attack, fears of a 'witch
　hunt' against Moslims," 7/1/2015, http://america.aljazeera.com/
　articles/2015/1/7/france-charlie-hebdo.html(2016年10月16日 閲覧).

Berlin, Isaiah, Richard Hofstadter, and D. MacRae, 1968, "To Define Populism,"
　Government and Opposition, Vol. 3, no. 2, pp. 137-179.

Betz, Hans-Georg, 2013, "Mosques, Minarets, Burqas and Other Essential
　Threats: The Populist Right's Campaign against Islam in Western Europe,"
　in Ruth Wodak, Majid KhosraviNik and Brigitte Mral eds., *Right-Wing
　Populism in Europe: Politics and Discourse*, London: Bloomsbury, pp. 71-87.

De Cleen, 2013, "The Stage as an Arena of Political Struggle: The Struggle between
　the Vlaams Blok/Belang and the Flemish City Theatres," in Ruth Wodak,
　Majid KhosraviNik and Brigitte Mral eds., *Right-Wing Populism in Europe:*

Politics and Discourse, London: Bloomsbury, pp. 209-219.

De Lange, Sarah L. and Tjitske Akkerman, 2012, "Populist Parties in Belgium: A Case of Hegemonic Liberal Democracy?," in Cas Mudde and Cristóbal Rovira Kaltwasser eds., *Populism in Europe and the Americas: Threat or Corrective for Democracy?*, Cambridge: Cambridge University Press, pp. 27-45.

De Standaard, 2015, "Dewinter noemt Koran 'bron van alle kwaad,'" 22/01/2015, http://www.nieuwsblad.be/cnt/dmf20150122_01488073(2016 年 10月 18日 閲覧).

Fieschi, Catherine, 2004, *Fascism, Populism and the French Fifth Republic: In the Shadow of Democracy*, Manchester: Manchester University Press.

Mudde, Cas and Cristóbal Rovira Kaltwasser, 2012, "Populism: Corrective and Threat to Democracy," in Cas Mudde and Cristóbal Rovira Kaltwasser eds., *Populism in Europe and the Americas: Threat or Corrective for Democracy?*, Cambridge: Cambridge University Press, pp. 205-222.

Pauwels, Teun, 2014, *Populism in Western Europe: Comparing Belgium, Germany and the Netherlands*, London and New York: Routledge.

Shields, J. G., 2007, *The Extreme Right in France: From Pétain to Le Pen*, London and New York: Routledge.

Swyngedouw, Mark, 2000, "Belgium: Explaining the Relationship between Vlaams Blok and the City of Antwerp," in Paul Hainsworth ed., *The Politics of the Extreme Right: From the Margins to the Mainstream*, London and New York: Pinter, pp. 121-143.

Swyngedouw, Mark and Gilles Ivaldi, 2001, "The Extreme Right Utopia in Belgium and France: The Ideology of the Flemish Vlaams Blok and the French Front National," *West European Politics*, Vol. 24, no. 3, pp. 1-22.

Vanhaesebrouck, Karel, 2010, "The Hybridization of Flemish Identity: The Flemish National Heritage on the Contemporary Stage," *Contemporary Theatre Review*, Vol. 20, no. 4, pp. 465-474.

伊藤武, 2016,『イタリア現代史―第二次世界大戦からベルルスコーニ後まで』中公新書.

古賀光生, 2013,「戦略, 組織, 動員(4)―右翼ポピュリスト政党の政策転換と党組織」『国家学会雑誌』第126巻11・12号, pp. 57-123.

津田由美子, 2004,「フラームス・ブロックとベルギー政党政治――九九〇年代を中心に」『姫路法学』第39・40号, pp. 33-63.

津田由美子, 2011,「ベルギーコンセンサス・デモクラシーの成立と変容」津田由美子・吉武信彦編『北欧・南欧・ベネルクス』ミネルヴァ書房, pp. 143-165.

土倉莞爾, 2016,「変貌するフランス「国民戦線」(FN)」水島治郎編『保守の比較政治学―欧州・日本の保守政党とポピュリズム』岩波書店, pp. 111-133.

畑山敏夫, 1997,『フランス極右の新展開―ナショナル・ポピュリズムと新右翼』国際書院.

畑山敏夫, 2013,「マリーヌ・ルペンと新しい国民戦線―「右翼ポピュリズム」とフランスのデモクラシー」高橋進・石田徹編『ポピュリズム時代のデモクラシー―ヨーロッパからの考察』法律文化社, pp. 75-115.

馬場優, 2013,「オーストリアのポピュリズム―ハイダーからシュトラッヘへ」高橋進・石田徹編『ポピュリズム時代のデモクラシー―ヨーロッパからの考察』, 法律文化社, pp. 190-207.

松尾秀哉, 2010,『ベルギー分裂危機―その政治的起源』明石書店.

松尾秀哉, 2014,『物語ベルギーの歴史―ヨーロッパの十字路』中公新書.

제4장

Aalberts, Chris, 2012, *Achter de PVV: Waarom burgers op Geert Wilders Stemmen*, Delft: Eburon.

Art, David, 2011, *Inside the Radical Right: The Development of Anti-Immigrant Parties in Western Europe*, Cambridge: Cambridge University Press.

De Lange, Sarah L. and David Art, 2011, "Fortuyn versus Wilders: An Agency-Based Approach to Radical Right Party Building," *West European Politics*, Vol. 34, no. 6, pp. 1229-1249.

Nohrstedt, Stig A., 2013, "Mediatization as an Echo-Chamber for Xenophobic Discourses in the Threat Society: The Muhammad Cartoons in Denmark and Sweden," in Ruth Wodak, Majid KhosraviNik and Brigitte Mral eds, *Right-Wing Populism in Europe: Politics and Discourse*, London: Bloomsbury, pp. 309-320.

Statistics Denmark, Asylum applications and residence permits, http://www.dst. dk/en(2016年 8月 22日 閲覧)

Vossen, Koen, 2010, "Populism in the Netherlands after Fortuyn: Rita Verdonk and Geert Wilders Compared," *Perspectives on European Politics and Society*, Vol. 11, no. 1, pp. 22-38.

Vossen, Koen, 2013, *Rondom Wilders: Portret van de PVV*, Amsterdam: Boom.

Wilders, Geert, 2012, *Marked for Death: Islam's War against the West and Me*, Washington: Regnery.

古賀光生 , 2013 ,「戦略, 組織, 動員(3)—右翼ポピュリスト政党の政策転換と党組織」『国家学会雑誌』126巻 9・10号, pp. 67-115.

水島治郎, 2012,『反転する福祉国家—オランダモデルの光と影』岩波書店.

水島治郎, 2016,「自由をめぐる闘争—オランダにおける保守政治とポピュリ
　ズム」水島治郎編『保守の比較政治学—欧州・日本の保守政党とポピュ
　リズム』岩波書店, pp. 135-159.

宮本太郎『社会的包摂の政治学』ミネルヴァ書房, 2013年

제5장

Albertazzi, Daniele, 2008, "Switzerland: Yet Another Populist Paradise," in
　Daniele Albertazzi and Duncan McDonnnell eds., *Twenty-First Century
　Populism: The Spectre of Western European Democracy*, Basingstoke and New
　York: Palgrave Macmillan, pp. 100-118.

Betz, Hans-Georg, 2013, "Mosques, Minarets, Burqas and Other Essential
　Threats: The Populist Right's Campaign against Islam in Western Europe,"
　in Ruth Wodak, Majid KhosraviNik and Brigitte Mral eds., *Right-Wing
　Populism in Europe: Politics and Discourse*, London: Bloomsbury, pp. 71-87.

Kallis, Aristotle, 2013, "Breaking Taboos and'Mainstreaming the Extreme': The
　Debates on Restricting Islamic Symbols in Contemporary Europe," in Ruth
　Wodak, Majid KhosraviNik and Brigitte Mral eds., *Right-Wing Populism in
　Europe: Politics and Discourse*, London: Bloomsbury, pp. 55-70.

Kriesi, Hanspeter, 2005, *Direct Democratic Choice: The Swiss Experience*, Lanham,
　MD: Lexisington Books.

Kriesi, Hanspeter, 2006, "Role of Political Elite in Swiss Direct-democratic
　Votes," *Party Politics*, Vol. 12, no. 5, pp. 599-622.

Kriesi, Hanspeter and Alxander H. Trechsel, 2008, *The Politics of Switzerland:
　Continuity and Change in a Consensus Democracy*, Cambridge: Cambridge
　University Press.

Trechsel, Alexander H. and Pascal Sciarini, 1998, "Direct Democracy in Switzerland: Do Elites Matter？," *European Journal of Political Research*, Vol. 33, pp. 99-124.

安部磯雄, 1972,「地上之理想国瑞西」荒畑寒村監修・太田雅夫編集『明治社会主義資料叢書4平民文庫著作集上巻』新泉社, pp. 151-232.

飯田芳弘, 2010,「スイス」馬場康雄・平島健司編『ヨーロッパ政治ハンドブック』東京大学出版会, pp. 78-89.

岡本三彦, 2004,「日本におけるスイス政治の受容」森田安一編『スイスと日本―日本におけるスイス受容の諸相』刀水書房, pp. 82-110.

田口晃, 2011,「スイス―分散と集中, 多様性の中の民主主義」津田由美子・吉武信彦編『北欧・南欧・ベネルクス』ミネルヴァ書房, pp. 191-207.

田口晃, 2016,「国民党の興隆とスイスの民主政」水島治郎編『保守の比較政治学―欧州・日本の保守政党とポピュリズム』岩波書店, pp. 81-110.

待鳥聡史, 2015,『代議制民主主義―「民意」と「政治家」を問い直す』中公新書.

森田安一, 2004,「スイス像の変遷とその日本社会への影響―主として, 明治維新期と一九四五年以降を対象にして」森田安一編『スイスと日本―日本におけるスイス受容の諸相』刀水書房, pp. 15-36.

제6장

Ford, Robert, Matthew Goodwin and David Cutts, 2012, "Strategic Eurosceptics and Polite Xenophobes: Support for the United Kingdom Independence Party(UKIP)in the 2009 European Parliament Elections," *European Journal of Political Research*, Vol. 51, pp. 204-234.

Ford, Robert and Matthew Goodwin, 2014, *Revolt on the Right: Explaining*

Support for the Radical Right in Britain, London and New York: Routledge.

Ford, Robert and Matthew Goodwin, 2014, "Understanding UKIP: Identity, Social Change and the Left Behind," *The Political Quarterly*, Vol. 85, no. 3, pp. 277-284.

Jones, Owen, 2011, *Chavs: The Demonization of the Working Class*, London: Verso.

Jones, Owen, 2016, "Grieve Now If You Must -But Prepare for the Great Challenges Ahead," the Guardian, 24/6/2016, https://www.theguardian.com/commentisfree/2016/jun/24/eu-referendum-working-class-revolt-grieve(2016年8月12日 閲覧)

MailOnline, 2006, "The Chav Rich List," http://www.dailymail.co.uk/tvshowbiz/article-409087/The-Chav-Rich-List.html(2016年8月7日 閲覧)

池本大輔, 2016,「ブレアの後継者からサッチャーの息子へ―キャメロン政権2010年~」梅川正美・阪野智一・力久昌幸編著『イギリス現代政治史[第2版]』ミネルヴァ書房, pp. 239-267.

今井貴子, 2016,「イギリスの保守の変容―「当然の与党」の隘路」水島治郎編『保守の比較政治学―欧州・日本の保守政党とポピュリズム』岩波書店, pp. 163-193.

今井貴子, 2016,「分断された社会は乗り越えられるのか―EU離脱国民投票後のイギリス」『世界』2016年9月号, pp. 156-163.

国末憲人, 2016,『ポピュリズム化する世界』プレジデント社.

小堀眞裕, 2013,「イギリスのポピュリズム―新自由主義から反移民・反EUへ」高橋進・石田徹編『ポピュリズム時代のデモクラシー―ヨーロッパからの考察』法律文化社, pp. 141-164.

小堀眞裕, 2016,「英国におけるナショナル・アイデンティティ論―どういう

意味での「再国民化」論が可能か」高橋進・石田徹編『「再国民化」に揺ら
ぐヨーロッパ―新たなナショナリズムの隆盛と移民排斥のゆくえ』法律
文化社, pp. 125-144.

武田宏子, 2015-2016,「2015年イギリス総選挙を「周辺」から考える―「反エ
スタブリッシュメント」の政治の展開」vol. 1-3,『生活経済政策』227,
228, 230号.

成廣孝, 2005,「キツネ狩りの政治学：イギリスの動物保護政治」『岡山大学
法学会雑誌』第54巻 第4号, pp. 739-822.

若松邦弘, 2013,「自由主義右派の政党組織化―連合王国独立党(UKIP)の展
開と政党政治上の意味」『国際関係論叢』第2巻 第2号, pp. 49-92.

若松邦弘, 2015,「支持の地域的拡大と多様化―地方議会における連合王国独
立党(UKIP)の伸長」『国際関係論叢』第4巻 第2号, pp. 31-60.

若松邦弘, 2016,「イギリス―政策の脱政治化と政治問題化の中のEU域内移
民」岡部みどり編『人の国際移動とEU―地域統合は「国境」をどのように
変えるのか?』法律文化社, pp. 79-90.

제7장

Arditi, Benjamin, 2005, "Populism as an Internal Periphery of Democratic
Politics," in F. Panizza ed., *Populism and the Mirror of Democracy*, London and
New York: Verso, pp. 72-98.

De Lange, Sarah L. and Tjitske Akkerman, 2012, "Populist Parties in Belgium: A
Case of Hegemonic Liberal Democracy?," in Cas Mudde and Cristóbal Rovira
Kaltwasser eds., *Populism in Europe and the Americas: Threat or Corrective for
Democracy?*, Cambridge: Cambridge University Press, pp. 27-45.

Mudde, Cas and Cristóbal Rovira Kaltwasser, 2012c, "Populism: Corrective and Threat to Democracy," in Cas Mudde and Cristóbal Rovira Kaltwasser eds., *Populism in Europe and the Americas: Threat or Corrective for Democracy?*, Cambridge: Cambridge University Press, pp. 205-222.

Mouffe, Chantal, 2005, "The'End of Politics'and the Challenge of Right-Wing Populism," in F. Panizza ed., *Populism and the Mirror of Democracy*, London: Verso, pp. 50-71.

Supp, Barbara, 2014, "Flirting with Populism: Is Germany's AFD a Wolf in Sheep's Clothing?," Spiegel Online International, 22/5/2014, http://www.spiegel.de/international/germany/a-portrait-of-bernd-lucke-and-the-new-german-right-a-969589.html(2016年8月18日 閲覧)

Taggart, Paul, 2000, *Populism*, Buckingham: Open University Press.

『朝日新聞』「ドイツでもトランプ現象」, 2016年6月7日.

『朝日新聞』「真実語っていたトランプ氏」, 2016年11月17日.

カリーゼ, マウロ, 村上信一郎訳, 2012, 『政党支配の終焉』法政大学出版局.

遠藤乾, 2016, 『欧州複合危機―苦悶するEU, 揺れる世界』中公新書.

国末憲人, 2016, 『ポピュリズム化する世界』プレジデント社.

古賀光生, 2015, 「欧州における右翼ポピュリスト政党の台頭」山崎望編『奇妙なナショナリズムの時代―排外主義に抗して』岩波書店, pp. 139-164.

古賀光生, 2016, 「西欧保守における政権枠組みの変容」水島治郎編『保守の比較政治学―欧州・日本の保守政党とポピュリズム』岩波書店, pp. 3-24.

島田幸典, 2011, 「ナショナル・ポピュリズムとリベラル・デモクラシー―比較分析と理論研究のための視角」河原祐馬・島田幸典・玉田芳史編『移民と政

治―ナショナル・ポピュリズムの国際比較』昭和堂, pp. 1-25.

新川敏光, 2014,『福祉国家変革の理路―労働・福祉・自由』ミネルヴァ書房.

恒川惠市, 2008,『比較政治―中南米』放送大学教育振興会.

坪郷實, 2016,「Pegida現象と「現実にある市民社会」論」高橋進・石田徹編『「再
　国民化」に揺らぐヨーロッパ―新たなナショナリズムの隆盛と移民排斥
　のゆくえ』法律文化社, pp. 104-124.

中北浩爾, 2016,「日本における保守政治の変容―小選挙区制の導入と自民
　党」水島治郎編『保守の比較政治学―欧州・日本の保守政党とポピュリ
　ズム』岩波書店, pp. 245-272.

中谷毅, 2016,「再国民化とドイツのための選択肢―移民問題及びユーロ
　問題との関連で」高橋進・石田徹編『「再国民化」に揺らぐヨーロッ
　パ―新たなナショナリズムの隆盛と移民排斥のゆくえ』法律文化社,
　pp. 83-103.

中山洋平, 2016,「福祉国家と西ヨーロッパ政党制の「凍結」―新急進右翼政党
　は固定化されるのか?」水島治郎編『保守の比較政治学―欧州・日本の
　保守政党とポピュリズム』岩波書店, pp. 25-56.

西川正雄他編, 2001,『角川世界史事典』角川書店.

西山隆行, 2016,『移民大国アメリカ』ちくま新書.

野田昌吾, 2014,「2013年ドイツ連邦議会選挙」『法学雑誌』(大阪市立大学), 第
　60巻 第3・4号, pp. 978-1042.

野田昌吾, 2016,「ドイツ保守政治空間の変容―キリスト教民主・社会同盟の
　「復活」とその背景」水島治郎編『保守の比較政治学―欧州・日本の保守
　政党とポピュリズム』岩波書店, pp. 195-217.

畑山敏夫, 2013,「マリーヌ・ルペンと新しい国民戦線―「右翼ポピュリズム」

とフランスのデモクラシー」高橋進・石田徹編『ポピュリズム時代のデモクラシー─ヨーロッパからの考察』法律文化社, pp. 75-115.

馬場優, 2013,「オーストリアのポピュリズム─ハイダーからシュトラッヘへ」高橋進・石田徹編『ポピュリズム時代のデモクラシー─ヨーロッパからの考察』, 法律文化社, pp. 190-207.

待鳥聡史, 2015,『代議制民主主義─「民意」と「政治家」を問い直す』中公新書.

山崎望編, 2015,『奇妙なナショナリズムの時代─排外主義に抗して』岩波書店.

吉武信彦, 2006,「EUをめぐる国民投票の新展開」『地域政策研究』(高崎経済大学) 第8巻 第3号, pp. 119-129.

맺음말

トドロフ, ツヴェタン, 大谷尚文訳, 2016,『民主主義の内なる敵』みすず書房.